MARY K. BAXTER

UNA REVELACIÓN DIVINA DE LOS ENGAÑOS DE SATANÁS

W

WHITAKER
HOUSE

Traducción al español realizada por:
Belmonte Traductores
Manuel de Falla, 2
28300 Aranjuez
Madrid, ESPAÑA
www.belmontetraductores.com

Una Revelación Divina de los Engaños de Satanás

Publicado originalmente en inglés bajo el título:
A Divine Revelation of Satan's Deceptions

ISBN: 978-1-62911-361-6
eBook ISBN: 978-1-62911-332-6
Impreso en los Estados Unidos de América
© 2015 por Mary K. Baxter

Whitaker House
1030 Hunt Valley Circle
New Kensington, PA 15068
www.whitakerhouse.com

Por favor, envíe sugerencias sobre este libro a: comentarios@whitakerhouse.com.

1 2 3 4 5 6 7 8 9 10 ᴡ 21 20 19 18 17 16 15

Índice

Prólogo:
Las llaves del reino

*Y sobre esta roca edificaré mi iglesia; y las puertas del
Hades no prevalecerán contra ella. Y a ti te daré las llaves
del reino de los cielos; y todo lo que atares en la tierra será
atado en los cielos; y todo lo que desatares en la tierra será
desatado en los cielos.*
—Mateo 16:18–19

Jesús dijo: "Mira, escucha y aprende. Te he dado las llaves
del reino. Quiero que tomes una llave en tu mano en el
espíritu". Al instante, miré mi mano y había una llave espiritual en ella. "¿Qué hago con ella, Jesús?", pregunté. Él me
dijo: "Ven conmigo". Después estábamos de pie delante de
una de las grandes jaulas transparentes como el cristal. Algo
parecido a un blanco resplandor se movía dentro de ellas. Yo
dije: "¿Qué es esto, Señor?". Él me respondió: "Toma la llave
y ponla en la cerradura y, en mi nombre, Jesucristo, Emanuel,
Yeshúa, abre esa puerta".

Así que tomé la llave. En el nombre de Jesucristo, Emanuel, Yeshúa, puse la llave espiritual en la cerradura y la giré. La cerradura se abrió, y salió la más hermosa de las presencias. Jesús se había arrodillado, y dijo: "Mi Espíritu de nuevo inundará la tierra y dará convicción a la gente de la tierra. Mi Espíritu de nuevo comenzará a atraer a la gente a mí, hija, por miles".

Introducción: Una revelación para hoy

omo he relatado en mis libros anteriores, Jesucristo se me apareció en forma humana en 1976. Yo era una madre y ama de casa común y corriente, con una casa llena de niños pequeños, que amaba a Dios con todo su corazón. Profetas y apóstoles me habían dicho mi llamado, con palabras como: "Dios va a visitarte y a mostrarte cosas extrañas que sacudirán el mundo". Y Dios ha cumplido, y está cumpliendo, esa palabra.

Cuando Jesús se me apareció, yo no había muerto, y no estaba soñando; estaba totalmente alerta. Por su poder, durante treinta noches, tres horas cada noche, Jesús me llevó en forma de espíritu al infierno para que pudiera ver su realidad de primera mano y avisar a la gente de las consecuencias de rechazar a Dios Padre y su oferta de perdón a través de su Hijo Jesucristo. Dios es santo, y los seres humanos fueron creados a su imagen para ser santos también. Pero desde que el primer hombre y la primera mujer dieron la espalda a Dios y le desobedecieron, la gente ha nacido con una naturaleza pecaminosa. Para ser restaurados ante Dios, debemos ser limpiados por la sangre de Jesús, que vino a la tierra como un bebé y creció hasta convertirse en un hombre para morir en la cruz por nosotros. Se convirtió en nuestro Sustituto, recibiendo el castigo que nosotros merecíamos, y después Dios Padre le resucitó gloriosamente de la muerte. Nuestra parte es creer en Él, arrepentirnos de nuestros pecados y recibir su sacrificio por nosotros para poder ser perdonados de todos nuestros errores y vivir una nueva vida en Él.

Desde que Dios me dio por primera vez revelaciones del infierno, seguidas de diez días de revelaciones del cielo, he dedicado mi vida a ministrar por todo el mundo, avisando a la gente de la realidad del cielo y del infierno y hablándoles del poder extraordinario de Dios para salvarnos y equiparnos para hacer lo que Él nos ha llamado a hacer. Pero Dios me ha llevado recientemente a esas primeras revelaciones. En 1976, cuando el viaje de treinta noches en el infierno terminó, Jesús me dijo: "Cerraré tu mente, y no recordarás algunas de las cosas que te he mostrado y dicho. Pero volveré a abrir tu mente y te devolveré el entendimiento en los últimos días. Entonces abriré tu memoria y te revelaré las cosas que quiero que se escriban. Escribirás un nuevo libro sobre el infierno, y levantaré a otros que han visto el infierno y a otros que conocen el infierno, y ellos serán testigos de lo que te he mostrado. Para este propósito naciste, para escribir y contar las cosas que te muestro y te digo. El mundo necesita saber muchas cosas, porque hay un comienzo y un final para todo".

Jesús ha traído muchas de esas experiencias de nuevo a mi memoria, y este libro contiene escenas del infierno que no he relatado en mis otros libros. Él abrió mi mente y comenzó a mostrarme y a decirme estas cosas para que el mundo pudiera saberlas ahora. Estas cosas no son bonitas. Estoy muy contenta de que Jesucristo no me permitiera recordar todo entonces, porque no hubiera podido manejarlo bien en ese tiempo.

Esta revelación es para los tiempos en que vivimos ahora. A través de este libro, debo contar estas cosas que Cristo me ha hecho recordar para que el mundo entienda. Además, se hará una película que incluye algunas de estas experiencias. Quiero que sea una película excelente que muestre claramente la verdad del infierno. El Señor Jesús me dijo: "Este es un libro que hará que el poder de Dios sacuda esta nación. Tú eres una llave, una llave en medio de un gran avivamiento que voy a traer". Mi respuesta fue y es: "Gloria a tu nombre, Padre. Espíritu del Dios vivo, haz lo que quieras".

Nosotros los humanos tenemos un peligroso adversario llamado Satanás, o el diablo. Pero tenemos un Dios mucho más poderoso, ¡que puede salvarnos y librarnos de cualquiera de sus engaños y ataques! Satanás fue una vez un arcángel de Dios, pero quiso usurpar el trono de los cielos y por eso sedujo a un tercio de los ángeles de Dios para que se rebelasen contra Él. Satanás y sus ángeles fueron expulsados del cielo. Sin embargo, el diablo sigue intentando seducir a los seres humanos, que son la creación más alta y querida de Dios. Quiere que nos rebelemos contra nuestro Creador para que nos alejemos cada vez más de Dios y finalmente seamos juzgados y enviados al infierno. El infierno fue preparado para el diablo y sus ángeles caídos; no era para los seres humanos. Pero se ha convertido en el destino de todo aquel que rechaza a Dios.

Nuestro Dios quiere que sepamos que, en su poder, ¡podemos estar firmes contra las trampas de Satanás! *Una Revelación Divina de los Engaños de Satanás* es un llamado a reconocer las maquinaciones de Satanás que mantienen a las personas separadas de Dios, les impiden recibir a Cristo, y les destruye en el infierno. Contiene revelación de cómo Satanás ha robado y mantuvo cautivas las bendiciones que Dios ha dado a su pueblo para llevar a cabo su tarea en el mundo, bendiciones de unción, dones, recursos y más, cosas que debemos reclamar en estos últimos tiempos. Para hacer esto, tenemos que obedecer a Dios, renovar nuestro amor por Él y usar "llaves del reino" específicas que Dios nos ha dado. Dios nos ha llamado a esto para que podamos ministrar salvación, liberación y sanidad a los millones de personas en el mundo que están muriendo y enfrentándose al juicio eterno. Estas llaves se describen en las páginas siguientes.

No podemos permitir que Satanás nos engañe y nos robe más. El Señor me dijo que este es un tiempo para juzgar a los demonios. Satanás y sus fuerzas de oscuridad pueden ser derrotadas. Debemos luchar de nuevo y reclamar nuestra herencia espiritual en el poder de Dios.

Mi corazón está lleno de nuevas revelaciones que Dios me ha dado para decírselas a la iglesia. Mi corazón está lleno de cosas que Dios me ha mostrado, me ha dicho y "descargó" en mí durante muchos años. Mi corazón está lleno del deseo de hablar de estas cosas que Jesús me ha revelado. Hay verdades de revelación que tenemos que entender. Dios dijo: *"Mi pueblo fue destruido, porque le faltó conocimiento"* (Oseas 4:6). Por lo tanto, he hecho mi mejor esfuerzo por relatarle en este libro algunas cosas que Cristo me mostró hace muchos años pero que ahora ha revelado al mundo. Las palabras de Jesús no son necesariamente textuales sino que comunican los mensajes que Dios me dio.

Dios ha dado a cada creyente un don o dones espirituales para edificar al cuerpo de Cristo. Todos nos necesitamos unos a otros si queremos crecer y ser más como Cristo y estar equipados para, en su nombre, ministrarnos unos a otros y al mundo. La revelación y la profecía son los dones espirituales particulares que Dios me ha dado.

He dedicado mi vida a comunicar las revelaciones de Dios. Con la ayuda de Él, seguiré haciéndolo por usted y su familia, por mí misma y mi familia, y por toda la gente del mundo. Debemos conocer la verdad. Se deben caer las escamas de nuestros ojos, y se deben destapar nuestros oídos, para que podamos ver y oír lo que Dios nos está diciendo hoy. Al pasar ahora a relatar algunos de los detalles gráficos del infierno, así como la autoridad espiritual que Dios nos ha dado, prepárese para hacer un viaje en el Espíritu, porque nunca volverá a ser la misma persona.

Parte 1

Reconocer los engaños de Satanás

1

La realidad del infierno

Cuando Jesucristo me llevó al infierno, estaba en el espíritu mientras mi cuerpo se quedó en la tierra. Jesús, sin embargo, tenía forma humana. Medía casi dos metros de altura, y llevaba una larga túnica blanca con un cinturón dorado y sandalias. Su cabello le llegaba a los hombros, y tenía una barba perfilada y bigote. Tenía unos ojos azules preciosos, y mirar esos ojos era como mirar la eternidad. Todo acerca de Él era totalmente santo, puro y precioso. Estaba lleno de gloria y del fruto del Espíritu. (Véase Gálatas 5:22–23).

Las profundidades de una eternidad sin Dios

Miré hacia abajo a los pies de Jesús y vi los grandes agujeros de los clavos, y sangre de verdad parecía brotar de ellos. Tomó mi mano, y sentía calidez, incluso aunque estaba en el espíritu. La sangre del agujero del clavo de la mano de Cristo llenó mi mano y goteó al suelo. Yo grité y dije: "Oh, Jesús, ¿por qué te está ocurriendo esto?". Le miré y vi grandes lágrimas que bajaban por su rostro. Él dijo: "Hija, por todas estas almas por las que morí y vertí mi sangre, pero es demasiado tarde para ellas. Pero en este libro que estás haciendo, el cual se llevará al cine, la gente verá, sabrá y entenderá las profundidades de la eternidad y de estar perdido sin mí. El mundo tiene que conocer esta verdad de una eternidad sin Dios. La gente tiene que entender el sacrificio y el dolor que miles y miles están sufriendo mientras hacen su vida en la tierra, incluso habiéndoles yo llamado al arrepentimiento. Este es un aviso al mundo para que se arrepienta y regrese al Señor Jesucristo".

Así que, arrepentíos y convertíos, para que sean borrados vuestros pecados; para que vengan de la presencia del Señor tiempos de refrigerio.   (Hechos 3:19)

"Si lo hubiera sabido"

Mientras Jesús y yo caminábamos juntos en el infierno, era un tiempo de dolor, de mucha tristeza y pena, al ver a millones de almas sufriendo. Parecían esqueletos, y a algunos les faltaban brazos, piernas u otras partes del cuerpo. Todos ellos tenían algo parecido a una sucia neblina dentro de la caja torácica, lo cual era su alma eterna.

Miré a mi alrededor mientras Jesús y yo subíamos caminando por una ladera. Estábamos en un camino polvoriento, rocoso y sucio. Por el camino, los demonios huían de Jesús, porque Él hacía que la luz brillase. Gritaban: "¿Qué tienes con nosotros?".[1] Y después huían.

Caminamos durante mucho tiempo, y podía oler los hedores y veía llamas en muchas áreas. Había sombras oscuras

1. Véase Mateo 8:29; Marcos 1:24; Lucas 4:34.

en las montañas y las cuevas. Oía almas gritando: "Déjanos salir; ¡déjanos salir! ¿Ya no hay esperanza? No hay vida aquí, pero al mismo tiempo no puedo morir. ¡Ayúdame! ¡ayúdame!".

Alrededor de la cima de la montaña, vi altas llamas. Abajo, en un valle lleno de huesos de hombres muertos, había un ejército de miles de esqueletos, ardiendo y gritando: "Muramos, muramos". Cuando les dejamos atrás, pude oír una multitud de voces que gritaban cosas como esta: "¿Por qué no me advirtió alguien? ¿Por qué no me habló nadie de este horrible lugar? Habría escogido al Señor y no habría vivido una vida tan malvada si lo hubiera sabido". Miré a Cristo mientras las lágrimas corrían por su rostro, y tuve pena y una gran compasión por Jesús.

El suelo estaba todo lleno de humo y oscuridad, y había unas tinieblas malévolas por todo lugar. Pero Jesús hizo que brillara una luz, y la oscuridad se fue por un rato. Él se sentó en una gran piedra desde donde se veía un valle de altas llamas, y yo me senté junto a Él, muy asustada. Habíamos subido mucho por la ladera de la montaña, y estaba muy cansada de oír todos esos gritos de lamento, todo ese dolor y pena.

Mientras estábamos sentados, yo miré al valle. A medio kilómetro aproximadamente hacia abajo había una neblina verdosa amarillenta sobre algunas llamas. Cristo estaba llorando. Yo seguía mirando sus pies y queriendo limpiar su sangre. Pensé: *Aquí hay miles y miles, y más que siguen llegando. ¿Qué puedo hacer, Señor? ¿Qué puedo hacer?* Él puso su brazo sobre mis hombros y me acercó más a su lado.

Entonces Jesús me miró y, llamándome por mi segundo nombre, dijo: "Katherine, ¿ves todo esto?". Él movió su mano y, al hacerlo, la niebla y la llovizna se retiraron, y pude ver miles de esqueletos ardiendo y gritando: "Déjanos morir;

déjanos morir. No podemos morir. Anhelamos morir, y la muerte no llega". Los miré y dije: "Jesús, por favor sácalos. Por favor, dales carne y huesos y hazlos nuevos, Señor". Pero Jesús dijo: "Es demasiado tarde. Este es el juicio de mi Padre sobre los pecados de la carne. Yo fui manifestado para destruir las obras de Satanás[2] para que la gente conociera y entendiera cómo él engaña. La gente está haciendo las cosas malas del mundo: maldecir, mentir, engañar, odiar, rehusar perdonar, cometer adulterio y fornicación, practicar brujería y hechicería. Satanás engaña a la gente, hija. Dios tiene reglas, leyes y estipulaciones en cuanto a estas cosas, y la llave es arrepentirse. Dile a la gente que se arrepienta y me pida que les perdone, que entre en su corazón y salve su alma, y lo haré".

Que si confesares con tu boca que Jesús es el Señor, y creyeres en tu corazón que Dios le levantó de los muertos, serás salvo. Porque con el corazón se cree para justicia, pero con la boca se confiesa para salvación.

(Romanos 10:9–10)

Yo miré el rostro de Jesús, muy firme y triste, y puse mi brazo a su alrededor y me apoyé en su pecho, llorando; pero no me salían las lágrimas, porque estaba en el espíritu. Recuerdo que pensé en mi hogar, mis hijos y otros familiares. Miré al Señor y dije: "Jesús, ¿qué puedo hacer? Soy madre, y tengo hijos. No quiero que nunca mis hijos vengan aquí, Jesús. Prométeme que no lo harán". Le miré a los ojos, y Él dijo: "Hija, aún te espera mucho horror y mucho dolor, pero

---

2. Véase 1 Juan 3:8.

te daré la fuerza para soportar esto. Te daré la unción para soportar esto, y ayudará a miles a venir a mí".

Jesús me habló con una gran compasión y mucho amor, diciendo: "Hija, estoy caminando contigo por el infierno para mostrarte las profundidades, grados y niveles de tormento. Te estoy enseñando la verdad. Mis líderes en la tierra están mintiendo a la gente. Sí, muchos dicen la verdad, pero otros muchos le dicen a la gente que no hay infierno y que pueden vivir como quieran. Dicen que Dios es bueno y por lo tanto nunca enviaría a nadie a un castigo eterno. Pero mi Padre es un Juez justo. Mi Padre es un Juez santo. En la Santa Biblia, dice que no cometamos los pecados de la carne cuando hemos conocido el arrepentimiento y la verdad.[3] Mi Palabra permanecerá para siempre. Hija, es demasiado tarde para todos estos, pero quiero que los oigas".

Despierta, y busca al Señor

Bajé la mirada para ver los pies del Señor y de nuevo vi los agujeros de los clavos con la sangre que salía de ellos. Comencé a pensar en las Santas Escrituras, que describen que Jesús fue golpeado por mí y por todas las demás personas a fin de que no tuviéramos que ir al infierno, si tan solo creíamos que Él es el Hijo de Dios, que vino a la tierra y murió en la cruz para salvarnos de la condenación eterna, y que su sangre nos limpiará al arrepentirnos de nuestros pecados y comenzar a vivir para Dios.

Volví a mirar al lugar donde estaban las llamas, muy altas al final del gran ejército de esqueletos que ardían, y gritaban, y crujían los dientes. De vez en cuando, veía algo parecido a carne corrupta creciendo en los huesos de los esqueletos,

---

3. Véase Hebreos 10:26.

y luego las llamas la quemaban, y los huesos se secaban, y salían gusanos de ellos. Pensé en las cantidades de personas en el mundo que necesitan al Señor, ahora, en este mismo momento.

Vi demonios que tenían ojos de fuego rojo y piel que era como carbón negro. Tenían cuernos en su cabeza, con fuego saliendo de ellos. Tenían alas llenas de larvas. Y tenían un hedor que era increíble. Olía a carne podrida, como alcantarillas y estiércol, como aceite ardiendo.

Volvimos a caminar, y vi que cuando Cristo caminaba, dejaba sangre en el suelo. Grité: "Jesús, ¿adónde vamos?". Él dijo: "Voy a mostrarte esto, y luego regresaremos a casa. Después de nuevo, mañana en la noche, regresaremos al mismo lugar". Yo dije: "Jesús, no sé si puedo hacer esto". Él respondió: "Te daré la fuerza y el valor para hacerlo". Me aferré fuerte a la mano de Jesús y observé que no había sangre ahora en ella. Miré sus pies, y también estaban secos. Seguimos caminando, y yo seguía llorando, aunque no me salían las lágrimas. Se me rompía el corazón, y pensaba en la tierra. *Hay mucha manipulación, mucho pecado, mucha maldad e incluso mucha muerte. ¿Me escuchará el mundo? ¿Entenderá la gente que hay una eternidad sin Dios para los que hacen el mal y le rechazan? El mundo tiene muchas teorías y muchas mentiras; y muchos predicadores le dicen a la gente una cosa u otra que no es verdad. Despierten, despierten, hombres y mujeres de Dios; busquen al Señor mientras pueda ser hallado.*

Buscad a Jehová mientras puede ser hallado, llamadle en tanto que está cercano. Deje el impío su camino, y el hombre inicuo sus pensamientos, y vuélvase a Jehová, el cual tendrá de él misericordia, y al Dios nuestro, el cual será amplio en perdonar.

(Isaías 55:6–7)

Hay esperanza en Jesús

Después comencé a pensar en el amor de Dios y en la esperanza en Jesucristo. Desde la cima de la montaña me di la vuelta y miré a los ojos del Señor, y Él me dijo: "Hay esperanza en mí. Hay revelación en mí. Avisa a la gente que regrese a mí; diles que de nuevo quiero levantar el ministerio quíntuple[4] donde la gente necesita esperanza. Tienen que saber que yo soy el ancla, y que pueden poner su confianza y esperanza en mí, el Señor Jesucristo".

Estamos en medio de una situación mundial precaria hoy día, como bien sabrá. Pero si acude al Señor Jesucristo, hay esperanza. Él quiere que le miremos. Él quiere sanarnos. Él quiere detener el mal. Él quiere que cesen las guerras. Él quiere que vivamos con Él para siempre. Hay esperanza para nosotros y para nuestras familias, y para la generación de nuestros hijos y nietos. Hay esperanza en Jesucristo. Acuda a Él con todo su corazón, con toda su mente, con toda su alma y con todas sus fuerzas. (Véase Mateo 22:37; Lucas 10:27). Jesús hará que usted sea un vencedor.

Bendito el Dios y Padre de nuestro Señor Jesucristo, que según su grande misericordia

---

4. Véase Efesios 4:11–12.

> *nos hizo renacer para una esperanza viva, por*
> *la resurrección de Jesucristo de los muertos,*
> *para una herencia incorruptible, incontamina-*
> *da e inmarcesible, reservada en los cielos para*
> *vosotros, que sois guardados por el poder de*
> *Dios mediante la fe, para alcanzar la salvación*
> *que está preparada para ser manifestada en el*
> *tiempo postrero.* **(1 Pedro 1:3–5)**

Reconocer los engaños de Satanás:

Satanás intenta engañarnos para que pensemos que falta mucho para que muramos, así que podemos dejar para más tarde el hecho de recibir a Jesucristo y servir a Dios. No caiga en esta trampa. Si no conoce a Jesús como su Salvador, o si se ha alejado de Dios, puede ser reconciliado con Él ahora mismo haciendo la siguiente oración así como un compromiso a amarle y servirle. Por favor, haga esta oración:

Padre celestial,

Creo en ti y en tu Hijo Jesucristo, quien vino a la tierra para morir en la cruz por mis pecados. Creo que le levantaste de los muertos y que vive para siempre, para que todo aquel que crea en Él pueda recibir vida eterna. Por lo que Jesús hizo por mí, te pido que perdones todos mis pecados, entres en mi corazón y salves mi alma. Lléname con tu Espíritu Santo, y ayúdame a vivir para ti desde este día en adelante. Gracias por salvarme y darme una nueva vida. En el nombre de Jesús, amén.

2

Multitudes de cada nación

La noche siguiente Jesús habló, y yo de nuevo iba caminando con Él en el infierno. Él dijo: "Vamos, hija, quiero enseñarte algo en las fauces del infierno. El infierno tiene un cuerpo. Recuerda que en el centro de la tierra hay grados de fuego, tormento y juicio de Dios. Y en el juicio del gran trono blanco, cuando la muerte y el infierno sean quitados de aquí para estar en las galaxias, los que estén aquí serán juzgados por los libros que se escribieron, los cuales dicen que nunca se arrepintieron de sus pecados y que sus pecados nunca fueron lavados con mi sangre, y serán arrojados al lago de fuego, hija mía, porque sus nombres no están en el libro de la vida".[5]

De repente estábamos en otra zona, y podía sentir la tierra moverse bajo mis pies. Según caminábamos, Jesús dijo: "Dios hizo que el alma del hombre y de la mujer viva para siempre. Este es el juicio de mi Padre sobre el pecado. El juicio de ellos está hecho". Después me repitió: "Ellos estarán aquí hasta el juicio del gran trono blanco de Dios, y después serán llevados al lago de fuego". Yo me sentía indefensa. Jesús me dijo: "Yo soy el camino, la verdad y la vida, Katherine".[6] Oí los gritos de los muertos que cada vez eran más altos, y supe

5. Véase Apocalipsis 20:11–15.
6. Véase Juan 14:6.

que habían estado ahí durante años: años de dolor, años de sufrimiento, años de pena, años de llorar y crujir los dientes, años de arder sin consumirse.

Jesús conocía mis pensamientos, y dijo: "Hija, si una persona está ciega de un ojo y entonces muere y viene al infierno, es ciega en el infierno. Si alguien viene al infierno y tiene algún cáncer, el cáncer es diez veces peor; el dolor aquí es mucho peor. Las llamas vienen sobre ellos, los gusanos corren por ellos, y sienten el insoportable fuego del juicio eterno de Dios. Mi Padre me envió para que la gente no viniera aquí, hija. Pero ellos se han burlado de mí en la tierra; se han reído de mí, hija. Han dicho que no soy real. Dicen todo tipo de mentiras acerca de mi Santa Palabra, y Dios tiene un plan. Él planeó que tú, hija mía, madre, ama de casa, vinieras y vieras todas estas cosas horribles, para escribir libros y relatar lo que hay en el centro de la tierra. Este es tu primer mandato; este es tu llamado. Y sabrás y entenderás en los días venideros lo mucho que tengo para ti".

Durante mi estancia en el infierno aprendí que los demonios también dan botellas de ácido a los que eran alcohólicos en la tierra; cuando ellos lo beben, el ácido les quema, y gritan. Los que asesinaron a personas son apuñalados por demonios una y otra vez, pero no pueden morir. A los que violaron a niñas pequeñas los demonios les despedazan los huesos. (Véase Salmo 50:22). Mundo, despierta; ¡despierta! El infierno es tu destino si no te arrepientes. (Véase Lucas 12:40–48; Mateo 24). Que el Señor Dios tenga misericordia del mundo.

"Ellos no escuchaban"

Seguimos caminando. Yo quería correr. Quería llorar. Quería sacar a la gente del fuego y poner carne sobre ellos, pero no podía hacer eso. No tenía el poder. Era horrible. Pensé: *Espero no ver a nadie que conozca,* porque conocía a muchas personas que habían muerto sin Jesús. Los muertos gritaban: "Déjanos morir. Sabemos que hemos pecado contra Dios. Oh, Jesús, ¿puedes perdonarnos ahora?".

Los clamores de los muertos cada vez eran peores, y yo grité: "Oh, Dios, ¿no hay nada que puedas hacer?". Había multitudes y multitudes de voces de toda nación. Los demonios llegaban y apuñalaban a la gente con algo y decían: "¡Cállate! Satanás es el rey aquí". Y ponían más fuego en sus almas.

Algunos de los esqueletos estaban en hoyos, otros en cuevas y algunos detrás de las rocas. Otros estaban en contenedores de fuego, sazonados con fuego, moviéndose hacia arriba y hacia abajo. Y en los contenedores estaba escrito: "Las abominaciones de las desolaciones". Yo dije: "Oh Dios, ¿qué es eso en las fauces del infierno?". Él dijo: "Hija, ellos son los que solían predicar mi Palabra, pero mentían. Mezclaron un espíritu perverso con mi Palabra e hicieron parecer que yo era un Dios falso. Les he amado, hija mía, pero no escuchaban. E hicieron que muchos fueran al infierno. Tú les has visto en nuestro paseo por el infierno. Así que mi Padre los juzgó. El Padre es un Dios santo, un Dios justo, un Dios sincero. Él conoce todas las cosas, Katherine".

Y de la manera que está establecido para los hombres que mueran una sola vez, y después de esto el juicio.   (**Hebreos 9:27**)

La muerte estaba por todo alrededor, pero nadie muere en el infierno. Solo siguen ardiendo y ardiendo y ardiendo. Lloran y gritan por el insoportable dolor. No hay alivio; no pueden dormir, y no pueden desmayarse.

Yo sabía acerca del juicio de mi Padre celestial sobre el pecado, y bajé mi mirada a los pies de Jesús y vi la sangre brotando. Pero observé que cuando Él caminaba, la sangre desaparecía de inmediato. Pensé en cuántas veces en la tierra había implorado su preciosa sangre, el pacto de Dios, sobre mí, mi familia y otras personas pidiendo sanidad y protección. Mientras miraba a Jesús, dije: "Señor, esto es pacto; Jesús es nuestro pacto. Tenemos que traer el arca del pacto [la Santa Palabra de Dios] de nuevo. Jesús es el que fue enviado para librarnos de la condenación eterna".

El Señor dijo: "Katherine, voy a levantarte, así como ya he levantado a muchos otros que han visto el infierno, y será un testimonio de lo que te he enseñado. Y llegará un día, hija mía, en que se hará una película, y yo el Señor pondré una gran unción sobre ella; haré que la gente escuche. Porque tú y otros han sufrido mucho para escribir esto, para contar esto, si tan solo escuchan. Porque Satanás no quiere que la gente escuche la verdad. Satanás quiere que la gente se 'divierta' de formas malvadas, de formas perversas, de formas impuras. Pero mi Padre dijo: 'Seréis, pues, santos, porque yo soy santo'.[7] Y si la gente peca, diles que se arrepientan. Porque tienen un Abogado ahora a través de mí. Yo me esforzaré ante el Padre por ellos, y les perdonaré si son sinceros y claman a mí, Katherine. Te estoy enseñando todo esto para que tú y tu familia sean salvos, y muchas otras personas más".

Pensé en varios miembros de mi familia, amigos y otros que no creían que Dios creó el mundo con su palabra (véase

---

7. Véase, por ejemplo, Levítico 11:44–45.

Salmos 33:6) y no reconocían nada de lo que Él ha hecho por nosotros. El infierno se hizo para el diablo y sus ángeles (véase Mateo 25:41), pero el infierno se ha agrandado para dar cabida a las almas perdidas, las almas de aquellos que no escuchan a Dios ni se arrepienten (véase Isaías 5:14).

Hijitos míos, estas cosas os escribo para que no pequéis; y si alguno hubiere pecado, abogado tenemos para con el Padre, a Jesucristo el justo. Y él es la propiciación por nuestros pecados; y no solamente por los nuestros, sino también por los de todo el mundo. (1 Juan 2:1–2)

Yo pensé: *Jesús, duele mucho ver un esqueleto ardiendo que solía tener carne, cabello y órganos, que estaba vivo en la tierra pasándolo bien mientras el sol brillaba y disfrutaba del aire fresco y las cosas hermosas. Y pensar que murieron en sus pecados, y que cuando su alma salió de su cuerpo los demonios los trajeron aquí para darles el castigo concerniente al pecado que más cometieron durante su vida.* Cuando miré a Jesús, Él dijo: "Hija, es demasiado tarde para todos estos que ves ardiendo, gritando y llorando, porque no escuchaban. Querían el mundo y las lujurias de él más que a mí y los mandamientos de mi Padre. Yo no quiero que tú tengas miedo ni te preocupes, porque tengo mucho poder, hija; tengo todo el poder del cielo y la tierra y lo que hay entre ellos.[8] Te doy este testimonio para que lo cuentes al mundo a fin de que la gente no venga aquí. Si el mundo se arrepiente de sus pecados y busca a Dios, Dios les oye.

8. Véase, por ejemplo, Mateo 28:18.

"El infierno es un lugar de espera hasta el gran día del juicio del gran trono blanco, cuando sus libros, que están todos en el infierno, se llevarán delante del trono de Dios y se abrirán. Sus libros nunca fueron lavados con mi sangre. Mi pueblo, los que me aman y se esfuerzan por cumplir los mandamientos de Dios, no serán juzgados, hija mía; ellos han sido lavados con mi sangre y limpiados y salvados de la condenación eterna. Mi mandamiento es 'Que os améis unos a otros, como yo os he amado'.[9] Katherine, ayúdame a ganar a los perdidos. Dile a la gente lo que hay aquí. Yo ungiré el mensaje con la verdad y el temor del Señor. También, guardaré a los que acudan a mí. Si se arrepienten de sus pecados y me piden que les perdone y que entre en su corazón y salve su alma, yo lo haré. Voy a levantar a muchos jóvenes para predicar el evangelio".

Ahora, pues, ninguna condenación hay para los que están en Cristo Jesús, los que no andan conforme a la carne, sino conforme al Espíritu. Porque la ley del Espíritu de vida en Cristo Jesús me ha librado de la ley del pecado y de la muerte. **(Romanos 8:1–2)**

"Padre mío, ten misericordia"

Jesús dijo: "Este lugar es muy horrible y triste. Este lugar está muy caliente y es muy malo. Este lugar es muy demoniaco". El fuego estaba ardiendo. Las serpientes se arrastraban

---

9. Véase Juan 13:34; 15:12.

por allí. Las ratas pesaban entre medio kilo y treinta kilos, y mordían a las almas. Había dolor, temor y pesar. Había odio en muchos lugares. Los clamores de los muertos estaban por todas partes. Eran los gritos de hombres y mujeres de toda nación. Algunas almas estaban blasfemando contra Dios, algunos estaban llorando y otros decían: "¿Ya no hay más esperanza?". Estas almas tuvieron los placeres del pecado por un tiempo. Algunos disfrutaron lastimando a otros. Ahora estaban en el infierno.

Llegamos a otra gran roca y nos sentamos. Estaba muy cansada, pero a la vez agradecida porque mi familia estaba en sus camas, durmiendo, y porque los ángeles de Dios estaban alrededor de ellos cuidándolos. Sabía que el Dios todopoderoso cuidaría de mí; cuidaría de mí y de mi familia.

Tenía todas mis facultades: mis pensamientos y mis emociones. Sabía exactamente lo que estaba ocurriendo; sabía exactamente lo que estaba viendo. Sabía que era Jesucristo. Sabía bien que el Dios todopoderoso me estaba enseñando esta revelación para ayudar a todos a entender la realidad de lo que está oculto y es invisible. Comencé a enojarme con el diablo. Mientras Jesús y yo caminábamos por el infierno, yo había visto el suelo quemado y los miles de millares de esqueletos ardiendo y gritando. Había visto las secciones del infierno donde estaban los mentirosos; las secciones donde estaban los abusadores de hombres y mujeres; las secciones para los que habían estado en la pornografía; las secciones para los que habían practicado pecados perversos y actos sexuales sucios, y cuyas almas estaban ardiendo, gritando y corriendo para intentar apagar los fuegos que estaban quemando sus cuerpos, pero no podían.

Muy de tarde en tarde, Jesús me dejaba ver carne de verdad creciendo en los esqueletos. Por un rato, se parecían mucho a los seres humanos de la tierra, pero entonces de repente su carne se derretía como lava caliente, y los gusanos mordían sus huesos y les causaban gran dolor. Ellos gritaban: "Ayuda. ¿A nadie le importo? ¿Por qué no me avisó nadie?". Y Jesús dijo: "Katherine, dile a mi pueblo que lea la Biblia. Dile a mi pueblo que escuche música de adoración. Dile a mi pueblo que encuentre buenas iglesias a las que ir".

Yo dije: "Jesús", y luego me senté en una roca. Jesús dijo: "Ven y siéntate conmigo". Tenía puesta la túnica blanca y sandalias, y el cinturón dorado en su cintura. Jesús se llevó las manos al rostro y comenzó a orar: "Padre mío, Padre mío, ten misericordia, ten misericordia". Cuando comenzó a orar y clamar, el infierno se conmovió. Las palabras salían de Él de lo más profundo de su alma. Y yo sabía que Él entendía que las almas son eternas. Muchos mentirosos en la tierra le dirán que su alma no es eterna. Sí lo es. Y pude oír a Jesús gritar, y de repente el infierno se conmovió por su violencia. Los fuegos se apagaron. Algunas de las almas que estaban en los hoyos se cayeron de lado. Para algunos de los esqueletos, el dolor se detuvo por unos minutos. Y el rostro de Jesús se llenó de lágrimas. Su amor era muy fuerte. Sus actos eran de amor, y se dolía a causa de todo lo que me estaba enseñando.

Él dijo: "Hija, ven a sentarte". Yo me sentía inútil, con mucho temor. Pensé: *Oh Dios, ¿qué habría pasado si yo hubiera muerto cuando estaba apartada de ti? ¿Qué ocurriría si esa fuera yo cuando estaba en mi pecado, Señor? ¿Qué pasaría si no me hubieras salvado? Cuando tuve el accidente de automóvil, podía haber muerto. Los doctores me extirparon el bazo, y estuve en el hospital durante días. Dios, yo podía estar aquí con todos ellos.*

Te doy gracias por tu misericordia. Gracias por tu gracia. Tenía mucho miedo.

Jesús me dijo: "Paz, enmudece". Me acordé que había dicho las mismas palabras a muchos de los esqueletos cuando había hablado con ellos, como veremos en capítulos posteriores. Se acercaba a uno de ellos y preguntaba: "Oh hombre, ¿qué estás haciendo aquí? ¿Cómo te llamas?". Recuerdo que los esqueletos le decían las cosas que habían hecho en la tierra, y que no querían que sus familias fueran allí. Él les decía: "Paz, enmudece", y los demonios huían de Él y gritaban: "¡No digas esa palabra aquí!".

Cuando Jesús me dijo: "Paz, enmudece", inmediatamente una paz vino sobre mí. Y Jesús dijo: "Yo dirigiré tus pasos. Estas cosas las escribirás y las contarás. Haré que escribas libros sobre el infierno y el cielo, hija mía".

De nuevo volví a tener miedo. Había caminado mucho antes de sentarnos. Estaba muy cansada, pero no me podía dormir. Tenía hambre, pero no podía comer. Tenía sed, pero no había agua. Estaba triste, pero no podía llorar. Mi única esperanza estaba en Jesús, estar junto a Él. Y Jesús estaba muy cerca. Me tomó de la mano izquierda y dijo: "Yo te guío, y ay de los que te hagan daño o te juzguen, porque yo soy el Señor que te ama. Tú has dado tu vida por mí. Yo quiero que el mundo lo sepa. Y sí, se burlarán, se reirán y se meterán contigo, pero está bien. Satanás va a caer, su reino va a caer. Yo le arrebaté las llaves de la muerte y del infierno, hija.[10] Hay muchos misterios para Satanás; hay muchas cosas que aún no se han dicho; hay aún muchas revelaciones más. Pero yo digo: 'Vamos, pequeña, vamos'". Él me acercó a su costado, y sentí una gran paz.

---

10. Véase Apocalipsis 1:18.

¿Y si se tratara de usted?

Y después oí los gritos de los muertos de nuevo, y comenzaron a maldecir a Dios en todas las cosas. Yo dije: "Señor, esto es horrible". Miré hacia abajo, y en el cielo surgió un gran círculo de fuego. Pensé: *Todo fue creado por Dios.* Él había creado las almas de las personas que estaban ahora en las llamas ahí abajo ardiendo y pidiendo morir pero no podían. Piense en ello. ¿Y si se tratara de usted? Imagínese ser arrojado al infierno donde nunca más podría dormir, nunca más volvería a comer, nunca más volvería a orar, nunca más podría hacer nada malo. Simplemente estaría ardiendo y ardiendo y recordando.

Sí, los muertos recuerdan su vida en la tierra. En la parábola de Jesús del hombre rico y el mendigo llamado Lázaro, el rico era consciente de que estaba en el infierno. Ese podría ser usted o yo, si no hubiera sido por la gracia de Dios. Él quiere salvarle. Usted tiene un alma eterna. Por eso estoy abriéndole mi corazón, para que escuche y oiga la verdad sobre el infierno. Acuda a Dios y reciba su ofrecimiento de perdón en Jesús ahora mismo.

Había un hombre rico, que se vestía de púrpura y de lino fino, y hacía cada día banquete con esplendidez. Había también un mendigo llamado Lázaro, que estaba echado a la puerta de aquél, lleno de llagas, y ansiaba saciarse de las migajas que caían de la mesa del rico; y aun los perros venían y le lamían las llagas. Aconteció que murió el mendigo, y fue llevado por los ángeles al seno de Abraham; y murió también el rico, y fue sepultado. Y en el Hades alzó sus ojos, estando en tormentos, y vio de lejos a Abraham, y a Lázaro en su seno. Entonces él, dando voces, dijo: Padre Abraham, ten misericordia de mí, y envía a Lázaro para que moje la punta de su dedo en agua, y refresque mi lengua; porque estoy atormentado en esta llama. Pero Abraham le dijo: Hijo, acuérdate que recibiste tus bienes en tu vida, y Lázaro también males; pero ahora éste es consolado aquí, y tú atormentado. Además de todo esto, una gran sima está puesta entre nosotros y vosotros, de manera que los que quisieren pasar de aquí a vosotros, no pueden, ni de allá pasar acá. Entonces le dijo: Te ruego, pues, padre, que le envíes a la casa de mi padre, porque tengo cinco hermanos, para que les testifique, a fin de que no vengan ellos también a este lugar de tormento. Y Abraham le dijo: A Moisés y a los profetas tienen; óiganlos. Él entonces dijo: No, padre Abraham; pero si alguno fuere a ellos de entre los muertos, se arrepentirán. Mas Abraham le dijo: Si no oyen a Moisés y a los profetas, tampoco se persuadirán aunque alguno se levantare de los muertos.

(Lucas 16:19–31)

Reconocer los engaños de Satanás:

Satanás intenta engañarnos para que pensemos que Dios no existe o que no le necesitamos; podemos disfrutar de los placeres del pecado sin preocuparnos de las consecuencias. No caiga en esta trampa. Romanos 14:12 dice: "De manera que cada uno de nosotros dará a Dios cuenta de sí". *¿Qué cuenta de su vida le daría a Dios ahora mismo?*

3

El infierno no es su hogar

Mientras caminaba con Jesús por el camino alto en las montañas del infierno, de vez en cuando sentía un viento caliente que soplaba. Parecía como si hubiera ciertos lugares en el infierno que eran muy fríos y a la vez muy calientes. Y los vientos soplaban y hacían que las llamas fueran más calientes aún.

La responsabilidad de un profeta

Pensaba en la vida que tenía por delante, en mi familia y amigos, y en la eternidad, y pensé: *Seguro que Jesucristo, el Hijo de Dios, tiene todo el poder en el cielo y en la tierra y en todo lo que hay entre ellos. Lo que Cristo me está enseñando es una gran responsabilidad.* Sin duda, lo que mi Padre me ha encomendado hacer ha sido una gran responsabilidad. Era consciente de una realidad inmensa cuando Dios envió a su Hijo Jesús para realmente trasladarme a las entrañas de la tierra para caminar entre los muertos del infierno. Tenía la obligación de narrar lo que vi y encontrar una editorial y hacer el libro, para que el mundo supiera que el infierno es real pero que Dios ha provisto perdón para nosotros a través de Jesucristo.

Mientras pensaba en esta responsabilidad, el Señor Jesús me dijo: "Katherine". Yo respondí: "Sí Señor". Él continuó: "He levantado a muchos otros en los últimos años para confirmar lo que te he enseñado aquí abajo y en el cielo. Aún levantaré a otros, hija mía. Lo que veo hacer al Padre, eso hago".

Miré al Rey, y Él llevaba una corona y tenía un cetro en una mano. Él es mi Rey, y debo obedecerle. Nunca me prometió que fuera a ser fácil. Cuando Dios le llama y le escoge para una obra poderosa, usted verdaderamente tiene que pagar un precio. A menudo usted pasa por muchas cosas en la vida para prepararle para tal llamado y para llevarlo a cabo. E incluso aunque confíe en sus hermanos creyentes para encontrar oración, ánimo y otras cosas, finalmente debe buscar el consejo de Dios y su sabiduría en vez de la de los hombres.

Y Jesús se acercó y les habló diciendo: Toda potestad me es dada en el cielo y en la tierra. Por tanto, id, y haced discípulos a todas las naciones, bautizándolos en el nombre del Padre, y del Hijo, y del Espíritu Santo; enseñándoles que guarden todas las cosas que os he mandado; y he aquí yo estoy con vosotros todos los días, hasta el fin del mundo. Amén.
(Mateo 28:18–20)

El Rey de los vivos

Abrí mi mente, mi corazón y mi espíritu al Señor Jesús. Miré de nuevo hacia arriba, y Él ya no llevaba la corona ni tenía el cetro. Me dijo: "Hija, no quiero ser el Rey de los muertos. Quiero ser el Rey de los vivos. Vas a llevar vida a muchos mediante esta responsabilidad. Y te doy una promesa: para los que intenten dañar esta obra o quitártela deliberada y voluntariamente, el juicio del Señor vendrá rápidamente sobre ellos. Los que lo hagan inocentemente serán juzgados de otra forma. Ahora ven; vayamos. El pacto de Dios rige para ti y tu familia, y los atraeré a todos a mí, hija, te lo prometo".

Al comenzar a caminar por esta montaña fea y oscura de negro hollín y rocas calcinadas, oía gruñidos que parecían provenir de animales gigantescos; no sabía qué eran esos sonidos. Me así fuerte de la mano del Señor, y recibí fortaleza mientras seguía caminando con el Rey.

Después, alrededor de Jesús y de mí apareció una gran luz. Las sirenas de la muerte estaban a mi alrededor también, los gritos de hombres y mujeres, algunos de ellos gritando: "Ten misericordia; déjame morir", y otros blasfemando y profiriendo gritos de lamento, como: "¿Por qué no me avisó nadie?". De nuevo, sentí una gran responsabilidad.

Oí un gruñido, y delante de mí había un demonio grande y feo con un rostro como de león y un cuerpo como de serpiente, con pies con garras y un rabo largo lleno de fuego. Vi que tenía muchos brazos, y luego observé que también tenía otras cabezas. Yo dije: "Jesús, ¿qué es eso?". Jesús le habló al demonio y dijo: "Apártate de este camino, porque te lo pido en el nombre de Dios Todopoderoso". El demonio cayó al suelo y se secó hasta reducirse en un pequeño gusano. Cristo le pisó, y de los pies de Cristo salieron fuego y sangre, destruyendo al demonio. Yo miré al Señor, y Él me miró a mí y dijo: "Yo soy tu Rey. Puedo destruir muchas cosas, porque es el tiempo del juicio de muchos demonios a fin de que sean destruidos en la tierra y en las galaxias".

Yo dije: "Señor, ¿es este otro misterio, otra revelación?". Él dijo: "Sí, hija mía, sí. En mi santo nombre, el Señor Jesucristo, Emmanuel, Yeshúa, comenzaré a liberar enseñanza, sabiduría y conocimiento de esta revelación, porque en mi nombre se hacen grandes cosas. Vamos".

Él continuó: "Quiero que nunca tengas un corazón dividido, un corazón que me ame a mí un día y un corazón que no me ame al día siguiente. Yo conozco tu corazón. Yo hice tu corazón. He estado contigo en todos esos dilemas. Y ahora, miremos hacia delante". Seguimos caminando, y el Rey ya no habló más. Todo se quedó callado, incluso las voces de los muertos. Estábamos muy lejos de ellos, tanto que apenas podía oírlos.

Y amarás al Señor tu Dios con todo tu corazón, y con toda tu alma, y con toda tu mente y con todas tus fuerzas. **(Marcos 12:30)**

El trono de Satanás

"¿Qué me espera más adelante, Jesús?", pregunté yo, y le tiré de la mano. Él respondió: "Hija mía, Satanás es muy, muy malvado. Sus días están contados. Y este es un lugar donde la sangre de muchos a los que ha matado fluye como una catarata. Recuerda, él es un ángel caído. Recuerda, él conocía muchos de los secretos de Dios. Recuerda, él entendió el pacto de sangre, que yo di mi vida por el mundo. Voy a enseñarte cosas malas que él ha hecho. Te daré la fuerza para verlas, la fuerza para escribirlas, la fuerza para hablar de ellas. Recibirás más sabiduría y conocimiento respecto a la revelación del infierno, y otros también lo recibirán, mediante el nuevo libro que escribirás".

El Rey y yo estábamos de pie en la cima de una montaña de oscuridad. Miré a la oscuridad, y Jesús alzó su mano; de nuevo tenía en ella un cetro. Una llama salió disparada, y la oscuridad se convirtió en luz. Él dijo: "Hija, estoy usando un cetro distinto aquí abajo. Este es el Cetro de Revelaciones. Y ahora, mientras ves la siguiente escena, te ayudará a abrir los ojos de miles de personas cuando les hables de esto o lo escribas. Mis ángeles están con nosotros".

Ante mí había una gran abertura, mayor que el Gran Cañón. Lo que vi en esa abertura era muy claro y detallado. En diferentes secciones había muchos seres demoniacos y esqueletos. También había un río amplio y fétido de sangre corriendo, al menos de un kilómetro y medio de anchura, el cual fluía de una parte alta de otra montaña. Fluía hacia abajo, y después iba a algo parecido a una caverna para llegar finalmente a un río. Jesús me dijo que esa corriente era realmente una ilusión fabricada por Satanás para simbolizar la muerte y destrucción que había provocado en la tierra. Había veces en que el caudal de sangre era visible, y a veces se desvanecía. Esta cascada de sangre estaba alimentada al menos por tres cascadas/arroyos más pequeños que desembocaban en él, cada uno relacionado con el estado espiritual en que había muerto la gente.

El Señor dijo: "Esta es la sangre de muchos, hija mía, que han muerto sin mí, así como la sangre de la gente inocente que Satanás ha matado". Después de ver este río de sangre entendí por qué vi la sangre fluyendo en el infierno a veces.

Después Jesús dijo: "Mira allí". Yo miré, y había una habitación con paredes de oro, como hubiera tenido un rey, la cual estaba abierta del todo en el frente; parecía tener como algo más de medio kilómetro de longitud. Había también un techo de oro con lámparas. Todo parecía muy inmaculado y hermoso.

Y después vi un trono, ¡y ahí estaba Satanás sentado! Estaba mirando a la sangre que fluía hacia abajo. Realmente no puedo describirlo como una catarata, pero estaba lleno de sangre, todo sangre. Y Satanás se estaba riendo de ello.

A ambos lados del trono había un gran demonio. Uno de los demonios estaba de pie junto al diablo, con un rollo. Debía medir unos cuatro metros de altura y era muy redondo, con tres cabezas, el cuerpo velludo, seis brazos y unas seis piernas. Debía de pesar unos mil kilos. Abriendo el rollo, se lo puso delante de la cara a Satanás, diciendo: "Oh, Rey, ganaremos a Dios. El número de los que han perdido su alma ha aumentado".

El diablo era muy grande también. Tenía un rostro grande y enormes cuernos; su aspecto era como el rostro de un hombre, aunque partes de su cabeza estaban aplastadas. Tenía un amplio pecho, de más de un metro de anchura, y unos brazos musculosos enormes. También tenía unas piernas muy grandes y musculosas. Y tenía pies palmeados y garras. A veces su cuerpo parecía ser rojo, y a veces parecía ser marrón.

Mientras estaba ahí sentado, se convirtió en un hombre de buen aspecto con traje. Satanás se levantó y dijo: "Conozco los secretos, porque estuve en el cielo. Sé qué tentaciones enviar al hombre a través de las mujeres y otras lujurias de la carne para destruirlo. Sé que mi voz aún no ha sido destruida, pero si mi fuerza del mal se terminase alguna vez, no podría seducir a tantas personas. Y quiero que todos los demonios oigan y sepan esto".

Observé que había una abertura en una parte de la visión. Pero después Jesús me corrigió, diciendo: "No es una visión, hija mía; es real". Él conocía mis pensamientos.

Dios Todopoderoso es mayor que Satanás

De pie en un área en este valle había lo que parecían ser un millón de demonios. Satanás se giró hacia ellos y dijo: "Su tarea es no permitir nunca que esta revelación de mi fortaleza, mi valor y mi poder sea revelada a los profetas, o los apóstoles, o la gente; porque verdaderamente hay un juicio para mí, y seré arrojado al lago de fuego un día porque Dios así lo dijo. Pero he tomado la sabiduría que aprendí en el cielo y la sabiduría que he aprendido del hombre como mi propia sabiduría y conocimiento, y he seducido a miles y miles para traerlos al infierno mediante la lujuria de su carne, la cual desean más que los mandamientos de Dios; y la catarata de sangre es un resultado de mi sabiduría". Yo temblé y dije: "Oh Dios, ¿cómo es esto posible?". Jesús me miró y dijo: "Escucha, hija".

Yo miré y escuché de nuevo mientras Satanás volvió a sentarse en el trono y regresó a su aspecto original. Él se rió y dijo: "Tengo la capacidad de cambiar mi forma siempre que quiera, y le he dado ese poder a algunos de mis demonios que van a merodear la tierra. Tengo muchos planes de maldad. Seduciré a muchas personas para que no sigan a Jesucristo".

Estamos en una guerra contra Satanás y sus poderes de oscuridad. Debemos buscar a Dios, orar y adoptar una posición firme contra el diablo por los perdidos.

Y no es maravilla, porque el mismo Satanás se disfraza como ángel de luz.

(2 Corintios 11:14)

Vino otro demonio llevando un rollo distinto que decía: "Las obras del mal de Satanás". Yo vi la frase. Y oí cosas indescriptibles, cosas que hacían temblar la tierra. Jesús me dijo: "Lo que dice no se producirá, porque en mi nombre, el nombre del Señor Jesucristo, reprendo todas estas cosas que ha dicho y escrito, Katherine. El Padre, el Espíritu Santo y yo estamos de acuerdo en que esto no se producirá.

"Ahora, hija mía", dijo Cristo, "iremos a otra parte del infierno, y verás las cosas más indescriptibles y horribles que Satanás hace a las almas. Esas almas solían predicar mi evangelio, pero Satanás les sedujo, les tentó para apartarse, y les hizo morir. Perdoné a muchas almas antes de que murieran, pero quiero que mis profetas, mis apóstoles, mis maestros, mis evangelistas y mis escogidos oigan esto. Los he llamado. Limpien sus corazones, sus mentes y sus almas. Vengan a mí y díganme la verdad. Yo entenderé. Les perdonaré y limpiaré. No piensen que habrá un mañana, porque a veces el mañana nunca llega". Yo simplemente agaché mi cabeza y pensé en mis propias debilidades. Recordé cosas de las que había tenido que arrepentirme, y me dije a mí misma: *Oh Dios, oh Dios, cómo podemos nosotros—*

Pero Jesús no me dejó terminar mi pensamiento. Dijo: "Vencerán por la sangre del Cordero y la palabra de su testimonio; y yo puedo hacer que todo mi pueblo venza si me escuchan. Satanás no lo sabe todo. Él cree que sí, pero no es cierto. Mi Padre es mayor, y tiene planes mayores de lo que Satanás podría imaginar. Mi Padre podría borrar ese conocimiento de él en un segundo, hija mía. Y al final lo hará, pero el hombre tiene una voluntad, y en este momento del tiempo, Dios quiere que esa voluntad sea para Él, y Satanás quiere que esa voluntad le sirva a él. Esto es definitivamente una guerra, una guerra espiritual, pero Dios todopoderoso es mayor. Recuerda que Dios creó a Satanás. Hay muchos misterios y mucho conocimiento que nunca entenderás, y otras personas tampoco, porque Dios no quiere que lo entiendan. Pero yo digo: 'Mira hacia arriba, mira hacia arriba, hija mía, y confía en mí'". Y con eso, salimos del infierno, y estaba de nuevo en mi casa.

Y ellos le han vencido por medio de la sangre del Cordero y de la palabra del testimonio de ellos, y menospreciaron sus vidas hasta la muerte. **(Apocalipsis 12:11)**

Reconocer los engaños de Satanás:

¿De qué formas Satanás se aparece como un "ángel de luz", haciendo que cosas que son malas parezcan buenas para que la gente quede atrapada en ellas? ¿Hay algo en su propia vida que muchas personas dirían que es aceptable pero de hecho es contrario a la Palabra de Dios o sus planes para su vida? No se dé el

lujo de caer en esta trampa. Arrepiéntase de cualquier pecado y reconcíliese con Dios. Fue salvado por gracia, y Dios le dará de nuevo la bienvenida.

Después de haber sido restaurado con Dios, haga el compromiso de no volver a ceder ante los deseos de su naturaleza pecaminosa, o la carne. Aprenda a controlar esos deseos. Jesús dijo que debemos negarnos a nosotros mismos, tomar nuestra cruz y seguirle. (Véase, por ejemplo, Marcos 8:34). Si ve que está cediendo a esos deseos, arrepiéntase de inmediato y mantenga una íntima relación con Dios.

4

Poderes seductores

Engaño y destrucción demoniacos

Jesús dijo: "Ahora tenemos que ir a otro lugar aquí en el infierno, hija. Y este es un lugar muy, muy horrible. Es como Satanás trabaja en la tierra para llevar engaño a la gente por medio de la lujuria. Hay poderes seductores que arrastran a la gente a una gran lujuria, perversión y actividad demoniaca. Los poderes demoniacos también han conseguido que mucha gente cometa suicidio, y Dios tiene una gran misericordia con estas almas, Katherine.

"Hay veces y etapas en las que el poder de Dios se mueve en la tierra. Necesitarás mi poder, hija. Necesitarás mi unción, y muchos otros van a necesitarla para recuperar el arca de Dios [la Santa Palabra de Dios, su pacto con nosotros]. Porque Satanás está corriendo desenfrenadamente en la tierra, produciendo mucha brujería, mucho ocultismo en la televisión y en las películas, mucha actividad demoniaca, pero mi Palabra puede contrarrestarlo y liberar a la gente de su atadura destructiva.

"Y te digo que los niños pequeños están siendo violados, golpeados y asesinados a manos de poderes demoniacos que actúan en personas a quienes han poseído; niños pequeños que son inocentes y puros, y mi Padre se duele por eso. De ninguna manera hay ni bebés ni niños pequeños en el infierno. Mi Padre es misericordioso, y los lleva al cielo cuando mueren. Él les da cuerpos nuevos, y hay un gran gozo en el cielo por ellos. Se les enseña; ellos van a la escuela en el cielo. Algunos de ellos crecen en el cielo; algunos de ellos se quedan pequeños hasta que su madre y su padre llegan al cielo, y entonces se reúnen con ellos en las puertas de gloria, y crecen en el cielo con ellos.

"Mi Padre tiene muchas cosas en el cielo; calles de oro; miembros del cuerpo en almacenes, listos para derramarlos en las partes de la tierra donde Satanás ha mutilado a gente. Dios se está preparando para producir una avalancha de milagros en la tierra. Él ve el sufrimiento de los santos. Él ve que están viviendo en tiempos como los del libro de Daniel, donde el enemigo está afligiendo a muchos, y Dios ve cómo los santos oran y se esfuerzan, y cómo parece que el dolor no tiene fin. Pero el Señor ha enviado ángeles poderosos para ayudarte a ti y a muchos otros santos a conocer a Dios y obedecerle, Katherine".

Yo dije: "Ese es mi mayor deseo, Señor". Jesús quiere que sanemos a los enfermos, que resucitemos a los muertos ¡y que permitamos que el Espíritu Santo atraiga a personas a Dios a través de nosotros!

¿No son todos los ángeles espíritus dedicados al servicio divino, enviados para ayudar a los que han de heredar la salvación?

(Hebreos 1:14, NVI)

Criaturas demoniacas

Cuando miré a Jesús, vi mucha compasión. Dijo: "Ven y ve este lugar". Y fuimos a un área muy negra en medio de la tierra donde se oían serpientes siseando. Los demonios allí medían cuatro y cinco metros de altura. Tenían tres cabezas y diez brazos y diez pies. Y ah, ¡eran muy feos! Tenían gusanos saliendo de sus alas. Y estaban por todas partes.

Yo dije: "Amado Dios, ¿qué son estos?". Jesús me dijo que lo que estaba viendo era una mezcla de ilusiones de seres demoniacos y demonios verdaderos que atacaban a la gente. Estos demonios están descritos en el libro de Efesios como *"principados...potestades...gobernadores de las tinieblas de este siglo...huestes espirituales de maldad"* (Efesios 6:12). Los principados malignos, poderes, gobernantes y huestes espirituales trabajan con Satanás para mentir a las personas y engañarlas, infligiendo mucho daño a los que no conocen el poder del nombre de Jesús. Los demonios buscan destruir a cristianos animándoles a ceder a su naturaleza pecaminosa. Siempre que cedemos a los deseos de nuestra naturaleza pecaminosa, abrimos la puerta para permitir que tales demonios nos influyan y ataquen. Pero tenemos poder en el nombre de Jesús y en su sangre para contrarrestar las fuerzas de oscuridad y para detener sus propósitos malignos. Estamos protegidos por la sangre de Jesús al morir diariamente a nuestros deseos carnales y ponernos diligentemente *"toda la armadura de Dios"*. (Véase Efesios 6:10–18).

Jesús me dijo: "Tú tienes poder para declarar mi sangre sobre estos seres demoniacos. Ellos están aquí por un tiempo. Como dije, el Padre se duele por el asesinato y la violación de niños pequeños, y algunos de estos demonios en el infierno han causado esas cosas y han entrado en personas y las han poseído en la tierra. Es algo horrible, hija mía, pero está todo en las manos de Dios. La gente tiene que saber y entender que lo que Dios dice es verdad".

Mientras caminábamos, oí decir al Señor a una criatura malvada: "Paz, enmudece". Este ser demoniaco era algo parecido a un sello, salvo que tenía unas diez piernas, y rodaba en algo de polvo y corría. Yo grité: "Oh, Dios mío, ¿qué hay en el medio de la tierra?". Me así de la mano de Jesús, y Él dijo: "Nos acercamos al abismo". Allí había serpientes reptando, y olí un hedor que venía de la tierra; el hedor apestaba a estiércol y carne podrida. Y de nuevo, oí los gritos de multitudes. Por encima de una negra neblina con llamas de fuego, vi cosas horrendas. Tenía mucho miedo, pero Jesús estaba conmigo y me aferré fuerte de su mano. Él dijo: "No temas. No te pasará nada, porque estás conmigo". Apareció alrededor de Él más de medio metro de luz, y Él penetró la oscuridad, pero aún yo podía ver las malvadas criaturas junto a la pared. Estaban gritándole a Dios palabras blasfemas. Yo pensaba: *¿Pero qué es esto?*

El Señor me mostró tesoros escondidos. Movió su mano, y ahí en las fauces del infierno había oro y plata, apilados como una montaña. También me enseñó ríos de sangre mezclados con fuego, en donde los esqueletos estaban encadenados entre sí y gritaban: "¡Déjanos morir!" y "¡Ayúdanos!". Por encima de ellos, se dijo: "Los hombres aman a los hombres y las mujeres aman a las mujeres, sin temor de Dios ni de sus juicios".[11]

Más adelante vi a otro ser de aspecto terrible con una cara redonda, dientes y una voz susurrante. Había unas veinticinco criaturas así. Jesús me explicó que planeaban ir a la tierra y hacer que la gente cometiera suicidio, y me dijo: "Escúchales".

---

11. Véase Romanos 1:24–27; 3:18.

Uno de ellos dijo: "Esto es lo que les vamos a decir: 'Oh, nadie te ama. Nadie se preocupa de ti. Mira tu familia, te ha abandonado. Mira tus amigos, no eres lo suficientemente bueno para ellos'". Los demonios estaban discutiendo cómo podían debilitar a la gente tanto emocional como mentalmente para que se quitaran la vida. Son espíritus engañadores (véase, por ejemplo, 2 Crónicas 18:21), y pueden hacer que la gente crea el engaño y las ideas delirantes. Estos demonios pueden incluso aparecer y desaparecer ante la gente, causando en esas personas vulnerables un gran temor y tormento.

Sed sobrios, y velad; porque vuestro adversario el diablo, como león rugiente, anda alrededor buscando a quien devorar; al cual resistid firmes en la fe, sabiendo que los mismos padecimientos se van cumpliendo en vuestros hermanos en todo el mundo. **(1 Pedro 5:8–9)**

"Ayúdame a salvar a los perdidos"

He llegado a entender que antes de que los hijos escogidos de Dios entiendan a qué les ha llamado Dios y dónde se supone que deben estar y qué posición deben mantener, muchos de ellos son atacados severamente por el enemigo. Los demonios intentan deshacerse de los profetas, apóstoles y otros a quienes Dios está levantando. Oro para que Dios mande líderes que puedan explicar este engaño de Satanás a los creyentes y también que les enseñen cómo prepararse para ello.

Jesús me dijo: "Mi nombre, el nombre de Jesús, y mi sangre les detendrán, Katherine. Dile a la gente que use mi nombre y renuncie a los demonios de suicidio. Diles que si tienen pensamientos suicidas, deberían llamar a personas que puedan ayudarles. Deberían llamar a personas para que oren por ellos. Diles que no se avergüencen, porque no son ellos los que están teniendo esos pensamientos; estas ideas suicidas están en las ondas del aire. Y diles que les amo y que les ayudaré si claman a mí".

Jesús se volvió a mí y dijo: "Katherine, ayúdame a salvar a los perdidos. Cuéntale a la gente lo que hay aquí. Yo ungiré el mensaje con verdad y con el temor del Señor. También, guardaré a los que acudan a mí".

Este lugar era muy malo, horrible y triste. Yo volví a pensar: *¿Qué habría ocurrido si fuera yo la que hubiera venido al infierno para la eternidad, sin más esperanza, sin más destino, ardiendo para siempre de dolor sin poder dormir, o comer, o morir?* No había luz del sol ni lluvia en el infierno, solo fuego y humo junto a dolor, sufrimiento, temor y odio. Hombres y mujeres de toda nación estaban implorando ayuda, alivio, incluso sabiendo que estarían en el infierno para siempre. Profundos sollozos de dolor llegaban de muchos. Oí a una mujer gritar: "Tuve muchas oportunidades de recibir a Jesucristo, y me burlé de Él. Entonces un día morí en un accidente de tráfico, y vine aquí. Tuve los placeres del pecado por un tiempo. Ahora, esto es muy triste".

Jesús dijo: "Háblale a la gente de la tierra de este lugar; diles que se arrepientan antes de que sea demasiado tarde". Una vez más, pensé: *Oh, Señor, espero no conocer a ninguna de estas almas.* Vi la forma de un hombre. Sus huesos eran rojos y negros por arder. Era un esqueleto muy alto, y en sus manos había un libro encendido. Jesús se detuvo y dijo: "Paz, enmudece. Oh hombre, ¿qué estás haciendo aquí?". El esqueleto volvió su cabeza hacia Jesús. Tenía ojos hundidos, y había serpientes que reptaban a través de él. Él gritó: "Jesús, ¿me puedes perdonar ahora?". Y Jesús dijo: "Oh hombre, ¿qué hiciste?". Él respondió: "Fui llamado cuando era joven a predicar tu evangelio, y fui a la iglesia. Aprendí mucho acerca de ti, pero realmente nunca te amé como debía. Amaba el mundo, y quería lo que podía darme, así que mentí acerca de ti. Les dije a los hombres que se podían casar con otros hombres y que tú los amarías y les entenderías, y que irían al cielo. Le dije a la gente que tener prejuicios estaba bien. Le dije a la gente que deberían odiar a personas de otra nacionalidad. Mentí. Formé una gran congregación".

"Quiero refinar a mi pueblo"

Mientras miraba a este predicador, Jesús me dijo: "Quiero enviar el fuego del que se habla en el libro de Malaquías para refinar al pueblo.[12] Quiero ayudarles, Katherine, para que no terminen aquí como este predicador lleno de mentiras que murió en sus pecados. Algunas de las personas con las que te cruzas fueron engañadas por él". El fuego purificador de Dios es distinto al fuego del infierno. El primero es un fuego de santidad, que purifica al pueblo de Dios; el segundo es un fuego de castigo.

Y se sentará [Dios] para afinar y limpiar la plata; porque limpiará a los hijos de Leví, los

---

12. Véase Malaquías 3:1–3.

afinará como a oro y como a plata, y traerán a Jehová ofrenda en justicia. (Malaquías 3:3)

"Ahora escucha", dijo Jesús. "Ven". Comenzamos a salir de las fauces del infierno y regresé a mi casa. Jesús me dijo: "Katherine, quiero refinar a mi pueblo. Quiero enviar el fuego del Espíritu Santo sobre ellos para refinarlos, el fuego del Refinador. El fuego quemará, destruirá, muchas de las cosas de las tinieblas. Ellos no tienen que entenderlo, sino solo creerlo. Llega un tiempo, temprano, cuando mis hijos estarán más equipados que nunca; llega pronto un día en que la película sobre este libro saldrá, y miles van a acudir a mí, hija. Haré que el fuego caiga sobre mi pueblo, no para quemarles en la tierra sino para amarles, limpiarles y corregirles, y traer convicción a sus corazones. Y se arrepentirán. Hay muchas cosas que quiero hacer, hija".

Jesús continuó: "La tierra es muy grande, hija mía, y miles mueren y van al infierno. Yo soy el que abre camino. Yo soy quien guardará a la gente de arder en el infierno si acuden a mí y se arrepienten de sus pecados. Mi Padre lo hizo fácil. Donde viste a esos demonios malvados, y donde viste el valle, y donde viste el río de sangre y fuego y vapor de humo,[13] donde viste a los demonios atormentando a los que están muertos pero viven, Satanás conoce todo esto. El príncipe de la potestad del aire,[14] los gobernadores de las tinieblas demoníacas, la maldad espiritual en las regiones celestes, dile a la gente que use mi nombre, Yeshúa, el Señor Jesucristo, Jesucristo de Nazaret, para ir en contra de esas cosas en mi nombre; diles que invoquen la sangre, mi preciosa sangre, sobre ellos, y renuncien a ellos. Quiero que la juventud se levante y haga

13. Véase Hechos 2:19.
14. Véase Efesios 2:2.

un libro: *Cómo Echar Fuera al Diablo en el Nombre de Jesús.* Quiero que la juventud entienda quién soy y lo que estoy haciendo. Hija mía, esta vida es tan corta como un guiño, como bien sabes. El diablo va a liberar a miles de almas, y yo soy el Señor tu Dios que te dice estas cosas".

¡Gracias, Señor!

Porque he aquí, viene el día ardiente como un horno, y todos los soberbios y todos los que hacen maldad serán estopa; aquel día que vendrá los abrasará, ha dicho Jehová de los ejércitos, y no les dejará ni raíz ni rama. Mas a vosotros los que teméis mi nombre, nacerá el Sol de justicia, y en sus alas traerá salvación; y saldréis, y saltaréis como becerros de la manada. Hollaréis a los malos, los cuales serán ceniza bajo las plantas de vuestros pies, en el día en que yo actúe, ha dicho Jehová de los ejércitos.

(Malaquías 4:1–3)

Querido lector, le amo mucho. No quiero que se consuma para siempre en el infierno sin salida alguna. No hay salidas en el infierno. No hay puertas por las que se pueda salir del infierno. Una vez que alguien está allí, se queda allí, y todo a su alrededor es fuego, dolor, luto, pena y destrucción, acompañado de los incesantes gritos de almas que quieren salir.

Satanás quiere que pequemos con nuestro cuerpo, por eso hace guerra contra nuestro corazón y nuestros pensamientos.

Nos tienta para que actuemos en base a los deseos de nuestra naturaleza carnal en vez de vivir según los caminos de Dios. Debemos tomar autoridad sobre él y reprenderlo en el nombre de Jesús. (Véase, por ejemplo, 2 Corintios 10:4–6).

Es la hora de que regresemos a Dios. Es la hora de que oigamos lo que Dios nos está diciendo. Pareciera como si no reconociéramos la razón por la que nuestro Salvador, Jesucristo, dio su vida en ese cruel día en que fue golpeado y llevado a una cruz. Él murió para guardarnos de la condenación eterna que le estoy revelando mediante este libro.

¿Le importa su propia alma y la de otros? ¿Realmente le importa? Si es así, haga algo al respecto. Reciba a Jesús como su Señor y Salvador. Háblele a otro de Jesús y de cómo puede ser salvo por medio de Él. Ore con otras personas. Satanás no quiere que abra su boca y declare la verdad de Dios. No deje que se lo impida. Declárela de igual modo.

¡Hablemos de la salvación en Jesucristo! Levantemos a Jesucristo. Él dijo: *"Ahora es el juicio de este mundo; ahora el príncipe de este mundo será echado fuera. Y yo, si fuere levantado de la tierra, a todos atraeré a mí mismo"* (Juan 12:31–32).

Reconocer los engaños de Satanás:

Satanás quiere engañar a las personas para que crean que las cosas se arreglarían si se quitaran la vida. En realidad, él quiere separarlos de Dios y destruirlos. El diablo también quiere que la gente crea verdades parciales para que piensen que están siguiendo a Dios cuando en verdad están en un error que les separará de su Padre celestial. Asegúrese de leer regularmente la verdad de Dios, la Biblia, y mantener su mente enfocada en lo que es correcto y beneficioso.

Por lo demás, hermanos, todo lo que es verdadero, todo lo honesto, todo lo justo, todo lo puro, todo lo amable, todo lo que es de buen nombre; si hay virtud alguna, si algo digno de alabanza, en esto pensad.   (Filipenses 4:8)

5

Poder en la sangre de Jesucristo

Clame a Jesús y sea limpiado

Recuerdo un servicio dominical hace muchos años en el que adolescentes de entre quince y dieciocho años pasaron al altar. Prediqué sobre las drogas y lo que les hará el pecado, y mientras hablaba, estos jóvenes comenzaron a pasar al frente. Se estaban arrepintiendo y llorando porque estaban en las drogas y haciendo cosas pecaminosas. Sentí un gran poder y amor de Dios cuando los adolescentes pasaron. Fue precioso.

Mientras pasaban al frente, alguien les tomó una fotografía. Después, cuando revelé el carrete, la fotografía mostraba algo encima de los adolescentes parecido a una manta rojiza descendiendo del techo; el rojo (que creo que simbolizaba la sangre de Jesús) se convirtió en algo como agua, que les limpiaba. La Palabra de Dios es cierta. La sangre de Jesús nunca ha perdido su poder.

Una noche, mientras caminaba con mi Rey abajo en el infierno, el Señor Jesús me reveló verdades acerca de su poderosa sangre. "Mi sangre fue derramada en el Calvario para limpiar todo el pecado, cualquier cosa pecaminosa que cualquiera haya cometido jamás, el pasado que era tan maligno y sucio. Si la gente se arrepiente ante mí, los lavaré, limpiaré y salvaré su alma, Katherine. Pero hay algo que hombres, mujeres y niños que conocen y entienden el evangelio deben hacer. Deben pedirme que les perdone todos sus pecados y que entre en su corazón y salve su alma. Entonces mi preciosa sangre los lavará y limpiará. Cuando claman a mí, los ángeles del cielo lo saben, y es exactamente como lo he dicho".

Pero si andamos en luz, como él está en luz, tenemos comunión unos con otros, y la sangre de Jesucristo su Hijo nos limpia de todo pecado. Si decimos que no tenemos pecado, nos engañamos a nosotros mismos, y la verdad no está en nosotros. Si confesamos nuestros pecados, él es fiel y justo para perdonar nuestros pecados, y limpiarnos de toda maldad. (1 Juan 1:7–9)

Cuando Jesús y yo comenzamos a caminar por el infierno, miré hacia abajo a los pies de Cristo, y la sangre estaba ahí de nuevo. Él dijo: "Hija, todas estas personas que hemos estado viendo no estarían aquí en el infierno hoy si hubieran creído que mi poder sigue vivo hoy, que mi sangre es aún real hoy. Si se hubieran arrepentido, les habría lavado de todos sus pecados y les habría devuelto el gozo en su corazón y en su vida; si tan solo hubieran creído que soy el Hijo de Dios". Después dijo: "Ven y ve".

Jesús me llevó a otro lugar en lo alto de un camino quemado y ladera de una colina. Después levantó su brazo, y apareció una gran puerta en la atmósfera. Dentro, se veían las vidas que muchos de los esqueletos ardientes habían vivido en la tierra. Vi a muchos de ellos en iglesias, en escuelas, en ciudades y en sus automóviles; eran jóvenes, viviendo normalmente su vida. "Era el pasado", dijo Cristo.

Después oí a pastores predicándoles en iglesias, y muchos de los jóvenes fueron atraídos por el Espíritu de Dios. Pero cuando estaban fuera otra vez en la calle, sacudían sus cabezas y se alejaban, sin darse cuenta de que Satanás tenía un plan en los días venideros para que tuvieran un accidente o muriesen. Mientras veía esto, vi que muchos de ellos no tenían padres creyentes y que estaban confundidos por la enseñanza que habían oído. Yo dije: "Oh, Dios, es muy sencillo; tú moriste en esa cruz para perdonarnos de todos nuestros pecados, para sanar nuestros cuerpos heridos. Tú lo llevaste todo, Jesús. Ojalá creyeran".

Luego vi a unas cuantas personas aceptar a Cristo y gritar de gozo, y la sangre de Jesús descendió y los limpió. Pero vi a otros regresar a sus caminos muy pecaminosos. Y vi la muerte acudiendo a ellos mediante accidentes de automóvil u otros accidentes o mediante la violencia de las pandillas. Cuando les vi morir, grité.

Un joven murió en un accidente de motocicleta. Vi su alma salir de su cuerpo; una neblina blanca descendió y lo subió en el aire. Vi la silueta de su alma, y después vi unas formas negras que venían y lo asían. Y oí los gritos de esta alma. Los espíritus malignos abrieron una compuerta hacia el infierno, hacia el fuego. Ellos llevaron esta alma ante el diablo, que estaba sentado en su trono. El diablo habló con los demonios y les enseñó sobre un papel dónde poner esa alma en el infierno ardiente.

Hable a la gente de Jesús

Vi escenas similares una y otra vez, y después clamé a Jesús, diciendo: "Ya no puedo más. No puedo soportar más esto, Jesús. Ayúdales; haz algo". Él se volvió hacia mí y dijo: "Hija, ¿qué vas a hacer? ¿Vas a hablarle a la gente de mi sangre, vas a decirles que si se arrepienten ella les lavará? Porque sabes que en esta hora y este tiempo, muchos están muriendo y yendo al infierno con falsas enseñanzas. Hay una ilusión en la tierra, hija mía, de gente que no está enseñando la verdad de mi sangre, mi crucifixión, y que doy vida para salvar a la gente de la condenación eterna en el infierno. Levántate y háblales de mi sangre y de cómo entregué mi vida. Háblales de cómo mi Padre me levantó de la muerte. Diles, diles, diles".

En otra ocasión, Jesús me había mostrado esqueletos vestidos de fuego, y me dijo: "Este es el juicio de los jóvenes que han muerto en la tierra en los últimos años". No hay ningún bebé ni niños pequeños en el infierno, pero hay una "edad de responsabilidad" en la que los jóvenes entienden quién es Dios y son capaces de tomar la decisión de creer o no en Dios. Había cadenas negras alrededor de estos esqueletos, y estaban gritando: "¿Es que no hay alivio? ¿Por qué no puedo morir?". Rechinaban sus dientes y decían: "¿Por qué no escuché a mi madre? ¿Por qué no escuché a mi padre? ¿Por qué no hice caso al predicador?". Uno gritaba: "¿Por qué no me llevó mi vecino a la iglesia? ¿Por qué no me habló alguien de la condenación eterna?". Otro gritaba con voz de hombre, en voz muy alta: "El predicador vivía en la puerta contigua a la mía y nunca vino a decirme que me arrepintiera. Yo era malo, viví muy mal, pero nadie me dijo que parase". Después oí la voz de una joven que decía: "Yo estaba poseída; servía al diablo, y luego un día morí y vine aquí, y he estado aquí desde entonces. ¿Por qué no escuché? Oí acerca de Jesús, y no creí como otras personas creyeron. Pero serví a Satanás porque creía en Satanás. Oh, déjame morir, déjame morir".

Pero el Espíritu dice claramente que en los postreros tiempos algunos apostatarán de la fe, escuchando a espíritus engañadores y a doctrinas de demonios; por la hipocresía de mentirosos que, teniendo cauterizada la conciencia…
(1 Timoteo 4:1–2)

Ore por su familia

La sangre de Jesucristo puede salvar su alma de la condenación eterna si tan solo se arrepiente y cree que Jesús derramó su sangre y murió para justificarle. Todos venimos a este mundo como bebés inocentes, y necesitamos padres cristianos que puedan enseñarnos acerca del Señor. Pero muchos padres aún no son cristianos. Tienen que asistir a una buena iglesia, aprender acerca de Jesús y ser salvos. Entonces pueden enseñar a sus hijos a ser salvos.

Ore por su propia familia. Advierta a sus hijos, sus padres y abuelos acerca del infierno. Hábleles de las realidades espirituales que no conocen, y deje que el Espíritu de Dios les atraiga a la salvación. No sea indiferente a su estado espiritual y permita que mueran sin Cristo y vayan al infierno.

Reconocer los engaños de Satanás:

Satanás quiere que la gente piense que solo conocer acerca de Jesús y lo que hizo por nosotros en la cruz es suficiente. No obstante, tenemos que responder ante Él personalmente en cuanto a su sacrificio por nosotros para ser salvos. Debemos creer que Él murió por nosotros y que su sangre es real y poderosa, y capaz de limpiarnos de todos nuestros pecados. Si aún no ha hecho esto, puede hacerlo ahora mismo mediante esta oración:

Amado Jesús,

Creo que moriste en la cruz por mí, me arrepiento de cada pecado que he cometido. Gracias por derramar tu sangre para limpiarme de todas mis maldades. Gracias por lavarme con tu sangre. Creo que Dios Padre te levantó de los muertos, y que me has dado nueva vida en ti. Lléname con tu Espíritu y ayúdame a vivir para ti. En el nombre de Jesús, amén.

6

Jesús habló con los muertos

Cuando Cristo y yo íbamos caminando juntos en el infierno, tenía mucho miedo, especialmente cuando Él iba a distintos niveles, distintos grados de fuego, y hablaba con varios esqueletos, los cuales parecían esqueletos de los que se ven en Halloween. Muchas de estas almas se arrodillaban, rogaban y lloraban, pero sin lágrimas. Le decían cosas a Cristo como: "Oh, Jesús, ojalá me hubiera arrepentido antes de morir. Ahora ya no queda esperanza. No hay otro destino para mí que no sea la condenación eterna".

Realidades eternas

Una vez, cuando veía a Jesús hablar con uno de los esqueletos, pensaba mucho en la eternidad. Muchas personas de la tierra siguen por su propio camino, sirviendo a su carne: sus deseos pecaminosos que son contrarios a las leyes y la verdad de Dios. Siguen rechazando los mandamientos de Dios de arrepentirse y nacer de nuevo a través de Jesucristo. En vez de eso, se ríen y se burlan de Dios. Pero un día, la muerte llegará a ellos, y si no han arreglado su vida con Dios serán castigados eternamente.

El capítulo 5 del libro de Gálatas habla acerca de los deseos de la carne. Este es un pasaje de ese capítulo:

Porque vosotros, hermanos, a libertad fuisteis llamados; solamente que no uséis la libertad como ocasión para la carne, sino servíos por amor los unos a los otros. Porque toda la ley en esta sola palabra se cumple: Amarás a tu prójimo como a ti mismo. Pero si os mordéis y os coméis unos a otros, mirad que también no os consumáis unos a otros. (Gálatas 5:13–15)

Los que practican las obras de la carne sin arrepentimiento no heredarán el reino del cielo; heredarán el infierno. (Véase Gálatas 5:19–21). Recuerdo estar con Jesús en muchas secciones del infierno donde multitudes gritaban pidiendo morir pero no podían. Jesús se volvió hacia mí y dijo: "Hija, si tan solo hubieran escuchado. Yo soy el camino, la verdad y la vida". Muchas de las almas culpaban a otras personas, quizá estaban hablando de usted y de mí, por no advertirles del infierno, ni hablarles de Jesús, ni compartir con ellos cómo podían ser salvos.

Las historias de los muertos

Mientras caminaba con Jesús una noche, Él dijo: "Ven, hija, voy a enseñarte algunas cosas que no te he revelado aún. Son muy tristes y horribles, y me parten el corazón, hija; duele ver estas cosas, pero se deben contar para que la tierra despierte y regrese de nuevo a Dios".

El terreno estaba resquebrajado, quemado, seco y caliente, tan caliente que había rocas derretidas en ambos lados del camino. Los demonios se escondían tras las rocas y hacían sonidos horrendos. La mayoría de las veces, estos espíritus malignos eran muy visibles en el infierno, a diferencia de la tierra, y meditaba en este hecho. Después de un rato, Cristo me dijo: "Hija, mira". Estábamos en un lugar que parecía viejo, oxidado, sucio y negro. Los gritos de los muertos, los gemidos, quejidos y el crujir de dientes, nos rodeaban. Y Cristo dijo: "Voy aquí a hablar con alguien. Ven conmigo".

Caminamos hasta una zona cercada y enseguida llegamos a un pequeño compartimento, o celda; después llegamos a otro, y otro. Era una larga fila de celdas construidas por demonios. Cada una tenía barrotes negros con un gran cerrojo por fuera. El suelo era de tierra y suciedad. Jesús se acercó a una de las celdas, y oí el lloro de la voz de un hombre. Se acercó a los barrotes con sus cadenas sonando. Pensé al principio que el ruido era de sus huesos que chocaban entre sí, pero eran las cadenas, las cuales envolvían todo su cuerpo. Donde debían estar sus ojos, había unas cuencas quemadas. Le faltaba parte de su pie. Puso sus huesudas manos en los barrotes y lloró: "Jesús, Jesús". Mientras hablaba, vi su alma gris oscura moviéndose hacia arriba y hacia abajo dentro de su caja torácica. Jesús dijo: "Oh, hombre, ¿cómo te llamas y qué has hecho para estar aquí?". Él respondió: "Jesús, ojalá, ojalá hubiera escuchado el evangelio. Amé el mundo más que a ti. Hice cosas malas en el mundo. Fui muy malo. Tuve rencor y falta de perdón, y maté a varias personas. Y me dijeron en la tierra los predicadores y otras personas que tú me perdonarías, pero no les creí. Oh, si hubiera creído. Oh, si hubiera creído. Un día fui a hacer algo, y me capturaron otras personas perversas. Pusieron cadenas alrededor de mí, y morí en las cadenas, Señor. Me dejaron atado en el bosque. Y aquí estoy en el infierno con las cadenas aún sobre mí, y no puedo morir. Morí en la tierra, pero cuando mi alma salió de mi cuerpo, los poderes demoniacos me bajaron por una entrada,

y he estado aquí durante muchos años, Señor. Pero me acuerdo de cada vez que me predicaron el evangelio. Recuerdo cada
vez que oí las buenas nuevas".

El que en él cree, no es condenado; pero el
que no cree, ya ha sido condenado, porque no
ha creído en el nombre del unigénito Hijo de
Dios. **(Juan 3:18)**

Miré a Jesús y vi grandes lágrimas cayendo por su rostro.
Y oí los quejidos de otro hombre que estaba en la siguiente
celda. Caminamos hasta allí, y Jesús le dijo a esta forma de
esqueleto lo mismo que le había dicho a la otra alma: "Oh
hombre, ¿cómo te llamas y qué has hecho para estar aquí?".
La voz era profundamente triste cuando dijo: "Jesús, estoy
aquí por las mentiras y por engañar a gente para conseguir
su dinero. Estoy aquí porque oí el evangelio muchas veces y
lo rechacé, y amé mi vida de pecado". Mientras hablaba, palabras escritas aparecían a su alrededor en el aire. Decían: "Se
engañaron a sí mismos, engañando y siendo engañados".[15]
El hombre continuó: "Jesús, tuve muchas oportunidades de
arrepentirme. Conocí el evangelio, pero también sabía que
mientras mintiera y manipulara a la gente, como eran muy
estúpidos, podría ganar millones de dólares. Pero llegó el día
en que morí en un accidente de tráfico. No tuve tiempo de
arrepentirme. Mi alma salió de mi cuerpo, y los demonios me
trajeron aquí. Y oh, cómo he sufrido por mis pecados. Y esto
no tiene fin, Dios mío. Sé que ya no queda esperanza para
mí". El esqueleto tembló con un gran grito de dolor.

---

15. Véase 2 Timoteo 3:13.

Yo caminaba con Jesús, y sentí mucha tristeza por todas estas almas que habían amado las cosas malas y habían hecho cosas indescriptibles, y seguía pensando: *Amado Dios, ¿cuándo terminará esto?*

No améis al mundo, ni las cosas que están en el mundo. Si alguno ama al mundo, el amor del Padre no está en él. Porque todo lo que hay en el mundo, los deseos de la carne, los deseos de los ojos, y la vanagloria de la vida, no proviene del Padre, sino del mundo.

(1 Juan 2:15–16)

Yo no podía dejar de llorar. Cristo me tenía de mi mano izquierda, y dijo: "Vamos, hija". Miré hacia abajo a sus pies, y de vez en cuando donde estaban las heridas de los clavos, la sangre brotaba, y después desaparecía rápidamente. Yo pensé: *Oh, Jesús, te dolió, sangraste, moriste por estas personas, y tu Padre te levantó de los muertos, y vives para siempre para darnos vida eterna. Si la gente tan solo creyera el evangelio, no vendrían a este lugar tan horrible.*

Había innumerables celdas, con gemidos y lloros que procedían de cada una de ellas. Dije: "Dios, esto es insoportable para mí. ¿Nos podemos ir, por favor?". Jesús me miró con gran ternura: "Hay más cosas que quiero enseñarte".

Yo miré a mi alrededor y lloré, y seguimos caminando entre las celdas. Llegamos a la voz de una mujer que estaba gritando: "Jesús, Jesús, Jesús, ahora haré lo correcto, si me dejas salir de aquí. Jesús, Jesús, ven a escuchar mi historia". Jesús caminó hasta donde ella estaba, y dijo: "Paz, enmudece. Oh mujer, ¿por qué estás aquí?". Cuando él dijo: "Paz, enmudece", los demonios que estaban cerca huyeron hacia atrás. La luz aparecía dondequiera que Jesús estaba hablando con alguien, y los demonios huían de allí. Pero yo sabía que la palabra *paz* también los había espantado. Los demonios nunca oían esa palabra en el infierno; les asustaba, así que huían de ella. No hay paz en el infierno.

Esta mujer le dijo a Jesús: "Yo era vendedora de ropa fina. Compraba y vendía ropa fina para las mujeres. Pero tenía un equipo de gente, también, en lo secreto, en lo oscuro, que hacía brujería y conjuros a las personas inocentes. Usaba lo de la ropa solo para llevar a cabo mi magia. Y mi magia se volvió contra mí. Muchos cristianos conocen el poder en tu nombre, Jesús, y el poder de la sangre que derramaste como el Cordero de Dios. Yo no estaba ajena a esto; yo lo entendía, pero mi corazón fue engañado. Mientras servía a Satanás, seguía pensando que él me daría un reino. Seguía creyendo que si practicaba la magia y la hechicería sobre los inocentes, conseguiría más poder con el diablo, porque me gustaba ver a la gente sufrir".

Yo miré muy de cerca a esta alma mientras hablaba con Jesús. Su esqueleto parecía flotante, pero sus cadenas le mantenían abajo. Dentro de su esqueleto, su alma era una neblina negra, sucia, pero ella podía mover la boca de su esqueleto mientras hablaba. Serpientes salían de sus ojos y por su esqueleto, y los gusanos mordían sus huesos, como lo hacían con los huesos de todas las demás almas.

Mientras la escuchaba, pensaba: *¿Cómo puede ser esto? Ella sigue pensando en servir al diablo mientras arde en el infierno.* Entonces, de repente, fuego salió de su boca; brotó de ella como una antorcha, y ella gritó: "Para, oh Satanás, para. Te serví fielmente en la tierra, ¿y esto es lo que me das?". Su celda tembló, y Jesús y yo nos alejamos. Yo dije: "Jesús, ¡sigue intentando ser mala en el infierno!". El Señor dijo: "Fue muy engañada, grandemente engañada por el diablo. La habría perdonado si hubiera acudido a mí y de corazón. Pero no lo hizo de corazón, hija. Quería jugar conmigo, jugar con el diablo. Y llegó el día en que dejé de acercarme a ella. Porque dice: 'Mi Espíritu los atraerá a la salvación'.[16] Pero llegará también un día en que se trazará una línea, y llegará el juicio de mi Padre".

Caminaba con muchas preguntas sin contestar, realmente desconcertada. Y Jesús se volvió hacia mí y dijo: "Hija, algún día lo entenderás. En este momento, tengo que enseñarte el infierno".

No os engañéis; Dios no puede ser burlado: pues todo lo que el hombre sembrare, eso también segará. Porque el que siembra para su carne, de la carne segará corrupción; mas el que siembra para el Espíritu, del Espíritu segará vida eterna. **(Gálatas 6:7–8)**

Antes de que sea demasiado tarde

Atravesamos un camino estrecho y llegamos a un área plana donde el terreno estaba lleno de humo caliente. Encima de la zona había algo como agua sucia y mugrienta, aunque no era exactamente agua, sino algo parecido a estiércol, con unos olores repugnantes y asquerosos. El hedor era horrible;

16. Véase Juan 6:44.

era como el olor a plástico quemado, estiércol animal y polución, y se filtraba por la tierra. Desde cierta distancia, veía fuegos centelleantes infernales. Vi un fuego lento creciendo en el suelo y quemando las cosas. Pensé que quizá parte de ese fuego tenía el propósito de purificar el suelo. No sé; había algunas cosas para las que no recibía respuestas.

Jesús dijo: "Vamos, hija". Hizo que brillara la luz, y comenzamos a caminar sobre unas piedras enormes y lisas que cruzaban ese desagradable lugar. Cuando llegamos al otro lado, Jesús dijo: "Quiero enseñarte un monstruo". Yo pensé: *Oh, Dios*. Pero Él dijo: "Te tengo de la mano. Estoy contigo; no temas". Él sostenía mi mano con su mano derecha, y alzó su mano izquierda por encima de ese repugnante y malvado lugar que acabábamos de cruzar, y todo se alzó en el "aire" del infierno. Al hacerlo, vi que era realmente un gigantesco monstruo muy feo con ojos enormes, una cola larga y fuego saliendo de su boca. Parecía un largo dragón con piel vieja escamosa parecida a la de un caimán.

Yo estaba temblando mientras estaba de pie junto a Jesús, y de nuevo Él dijo: "No temas. No te puede tocar. Pero en los días venideros, no muchos entenderán que después de que mi iglesia sufra el rapto, esta cosa saldrá del infierno y recorrerá la tierra. Pero, según la Palabra de Dios, no puede ser liberado hasta el tiempo estipulado por Dios.[17] Porque Dios es el Creador de todas las cosas; Dios es el verdadero".

Aún temblaba, y caminaba cerca de Jesús. Subimos una colina, y el monstruo se revolcaba en el fango. Yo pensaba: *El infierno está en el centro de la tierra. Es la morada de los muertos; hay seres demoniacos, esqueletos que hablan, carne ardiendo, olores de estiércol, corrupción por todas partes.*

---

17. Véase 2 Tesalonicenses 2:1–12.

Miré hacia arriba y vi objetos oscuros cayendo a través de una abertura, descendiendo a un valle, y los demonios se reían y se apresuraban hacia ellos. Jesús dijo: "Hija, esas son las almas que acaban de morir en la tierra y descienden por algunas entradas, y los demonios los van a recoger y a ponerles en su lugar de tormento. Si fueron mentirosos, los pondrán con los mentirosos; si fueron asesinos, los pondrán con asesinos; si fueron personas que odiaron, los pondrán con los que odiaron; si fueron rencorosos, los pondrán con los rencorosos; si eran borrachos, los pondrán con borrachos. Los pondrán con miles como ellos. Tendrán dolor, sufrimiento, tristeza y lloro, y no podrán salir de aquí. Si se hubieran vuelto a mí, yo habría perdonado los pecados de la carne. Por eso te estoy enseñando el infierno, para que la gente se dé la vuelta y regrese a mí antes de que sea demasiado tarde, antes de que lleguen al fuego eterno".

Jesús estaba triste, y yo estaba triste. Las manos y los pies de Jesús estaban sangrando, y dijo: "Yo morí por todos estos, pero es demasiado tarde, demasiado tarde". Él miró hacia arriba y oró, diciendo: "Padre mío, Padre mío, ten misericordia". Y el infierno volvió a temblar.

Yo me aferré a Jesús y dije: "Aquí podía haber estado yo cuando me aparté de ti, Señor. Me aparté por un tiempo e hice cosas que no debería haber hecho. Pero me arrepentí y volví a ti". Él me miró y dijo: "Hija, vamos a ir a otro lugar. Y en este otro lugar vas a ver a personas que siguieron rechazándome, diciendo: 'Todavía no. Mañana, mañana'. Pero el mañana nunca llegó".

¡Vamos ahora! los que decís: Hoy y mañana iremos a tal ciudad, y estaremos allá un año, y

traficaremos, y ganaremos; cuando no sabéis lo que será mañana. Porque ¿qué es vuestra vida? Ciertamente es neblina que se aparece por un poco de tiempo, y luego se desvanece. En lugar de lo cual deberíais decir: Si el Señor quiere, viviremos y haremos esto o aquello. Pero ahora os jactáis en vuestras soberbias. Toda jactancia semejante es mala. **(Santiago 4:13–16)**

Salimos de ese lugar y fuimos alrededor de un gran montículo en la parte más baja de la colina. Había fuegos ardientes y calor como uno no se puede imaginar. Estaba el olor a carne podrida, quemada y estiércol. Había ratas corriendo por todas partes. Había serpientes, las cuales huían de la presencia de Jesús. Había también unas cosas chiquititas llenas de pelo que rebotaban en el suelo; yo no sabía lo que eran, pero me aterraban.

Es mi responsabilidad advertirle que regrese a Dios si aún no se ha arrepentido de sus pecados y recibido a Jesús, porque la Biblia dice que si usted ve la espada venir contra la tierra y no avisa a la gente, la sangre de ellos estará en sus manos. (Véase Ezequiel 33:1–6). Se lo estoy diciendo tal y como es. Arrepiéntete, oh tierra, arrepiéntete. Porque Jesús regresa a por una iglesia sin *"mancha"*, refiriéndose a que debemos estar limpios de pecado y comenzar a obedecer a Dios, *"ni arruga"*, refiriéndose a que no podemos hacer lo que queramos sin temor de Dios o de sus mandamientos. (Véase Efesios 5:27).

Tiene que leer su Biblia, y debe oír lo que el Espíritu está diciendo a las iglesias. Le insto a que asista fielmente a una buena iglesia donde le enseñen la verdad de la Palabra de Dios. Debemos recuperar el "arca del pacto", refiriéndome a la Palabra de Dios, porque el infierno se llena cada día más de aquellos que han rechazado a Dios, de los que han rechazado a Jesucristo y la verdad del evangelio. El infierno se está expandiendo mientras algunos predicadores en la tierra están mintiendo acerca de la verdad. Estoy advirtiendo también a los predicadores: deben arrepentirse y regresar a Dios, y ayudar a salvar a la gente del juicio en el infierno. Si no está siendo veraz con ellos respecto a la Palabra de Dios, si no está siendo real con ellos, entonces está enviando a muchos de ellos a la condenación eterna.

Mientras continuaba caminando con el Señor, cada vez estaba más enojada con el diablo, al igual que Jesús. Yo seguía pensando: *Para todos los que están aquí abajo, no hay otro mañana que el dolor de quemarse. Todos estos aquí abajo serán arrojados al lago de fuego. Oh Dios mío, ten misericordia, ten misericordia.* Pensaba en todas esas personas. Miré detrás de mí, y había cinco fuegos, los gritos de los muertos y cámaras del horror haciendo eco. Me acordé de los que habían muerto con enfermedades y estaban sufriendo por ellas diez veces más en el infierno, gritando hasta más no poder del dolor.

Un gran mover del Espíritu de Dios

Jesús dijo: "Ven, quiero enseñarte algo". Llegamos a un lugar donde había un gran número de hombres. Eran esqueletos, pero sabía que eran todos hombres porque gritaban con voz de hombre en lenguajes de toda nación. Jesús dijo: "Mira, todos estos murieron siendo alcohólicos; amaron más la bebida que a mí. Les encantaba ir de fiesta; les encantaba emborracharse. Disfrutaban la vida; realmente no les preocupaba nadie que no fueran ellos mismos y lo que les hacía sentir bien. Hay miles de alcohólicos en la tierra hoy. Ellos tienen que regresar a mí. Yo les perdonaré y les libraré.

"Voy a comenzar a enviar mi Espíritu a la tierra, Katherine, de una forma más poderosa; voy a comenzar a dar oportunidades a muchas personas por las que sus padres o sus iglesias están orando. Voy a comenzar a derramar mi Espíritu de atracción sobre ellos, porque la bondad del Señor atrae a los hombres a la salvación.[18] Voy a comenzar a derramar mi Espíritu de una forma única que sorprenderá a muchas personas. Porque el infierno se está llenando tanto con los pecados de la carne de las personas, que se debe predicar esto de nuevo. Las personas deben saber que yo los libraré de cada pecado de la carne, si me lo piden. A veces les libro incluso aunque no me lo piden, hija; en verdad lo hago, por mi gran amor por la humanidad. Hay un tiempo y un momento que llega pronto en el que habrá un gran mover de mi Espíritu para atraer a la gente a mí. Habrá un tiempo que llegará pronto en que habrá una gran avalancha de sanidades de nuevo en la tierra, un gran avivamiento. Y parte del avivamiento llegará a través de lo que te estoy diciendo, y se hará una película de este libro. Yo lo haré, y es el tiempo de esto, dice el Señor. Es tiempo de que el mundo despierte para que la gente no venga a este lugar tan horrible".

Después Jesús me dijo: "Es tiempo de regresar ahora. Hemos estado aquí bastante rato". Y me alegré, porque estaba muy cansada y asustada. Pero de vez en cuando durante la noche, Jesús me había tocado y dicho: "Paz, hija mía", y una gran paz había caído sobre mí. Ahora, Jesús dijo: "Vamos", y en un abrir y cerrar de ojos, estaba fuera del infierno. Jesús avanzaba muy rápido; tenía mucho poder, y vino hasta fuera

18. Véase Romanos 2:4; Oseas 11:4.

de mi casa, y yo estaba aún en el espíritu. Él se aseguró mediante su poder de que regresara a mi habitación, y luego se fue. Yo me senté en la cama en mi forma humana, y comencé a llorar.

Es difícil para mí hablar de lo que experimenté en el infierno. Es difícil describirlo. Debido a esta dificultad, le pido que ore por mí para que esta verdad pueda recorrer todo el mundo. Y si usted no conoce al Señor Jesucristo como su Salvador, espero que ahora se arrepienta de corazón de sus pecados y le pida que le perdone, que entre en su corazón, y que salve su alma. Dele su vida y pídale que le bautice con su Espíritu Santo.

El Espíritu de Dios le ayudará. Cuando sea tentado a cometer un pecado de la carne, el Espíritu Santo le dará la fuerza para resistir. Clame a Dios cuando sea tentado y esté en problemas, y Él le librará. Si cae, Dios le volverá a levantar otra vez. No tenga miedo de acudir otra vez a su Padre celestial, y no endurezca su corazón. Regrese a Él, y Él le perdonará.

E invócame en el día de la angustia; te libraré, y tú me honrarás. **(Salmo 50:15)**

Reconocer los engaños de Satanás:

Satanás engaña a algunas personas haciéndoles creer que si le sirven y le adoran, él les recompensará con buenas cosas en esta vida y con un reino en la siguiente vida. Su promesa de un reino es una mentira; es meramente una imitación de la promesa de Jesús de que nuestro Padre celestial nos dará su reino. Satanás solo quiere usar a las personas para sus propios propósitos antes de desecharlas y destruirlas. Ellos no recibirán ningún "trato especial" de Satanás en el infierno sino que sufrirán eternamente. Si usted ha estado involucrado en el ocultismo o si es actualmente un seguidor de Satanás, acuda a Dios de inmediato y arrepiéntase. Él le perdonará y limpiará en Jesús. Solo Dios cumple su promesa de darnos su reino.

> *Mas buscad el reino de Dios, y todas estas cosas os serán añadidas. No temáis, manada pequeña, porque a vuestro Padre le ha placido daros el reino. Vended lo que poseéis, y dad limosna; haceos bolsas que no se envejezcan, tesoro en los cielos que no se agote, donde ladrón no llega, ni polilla destruye. Porque donde está vuestro tesoro, allí estará también vuestro corazón.* (Lucas 12:31–34)

Parte 2

Reclamar las llaves y los dones de Dios

7

Las llaves del reino

Hacer sonar la alarma

Estaba andando de nuevo con Jesús en el centro de la tierra donde está el infierno. Cristo llevaba puesta la túnica blanca larga, y en los pies llevaba unas sandalias. Tenía una unción preciosa y dulce, y de Él fluía mucho amor. Pero había un gesto profundo de tristeza en su rostro, y en sus ojos se reflejaba un dolor profundo. A su izquierda, en un valle, gritaban esqueletos ardiendo. Más adelante había algunos pozos y celdas en los que había esqueletos que se quemaban y gritaban. Había demonios que se reían de ellos y se burlaban: "Les engañamos; les engañamos".

Me agarré fuertemente a la mano de Jesús. Seguimos andando hasta que llegamos de nuevo a esa montaña seca y quemada que era muy ancha y rocosa y tenía muchos caminos. Jesús siempre hacía brillar una luz para mostrarme algo. Levantó el brazo, y nos detuvimos cuando una gran abertura apareció en medio de la oscuridad a nuestra derecha. Jesús dijo: "Hija, avisa a mi pueblo. Haz sonar una alarma en mi monte santo. Adviérteles de este lugar. Cuéntales lo que te estoy mostrando y diciendo. Mi Palabra lo respaldará todo.

Estas revelaciones te son dadas por mi Padre para que las cuentes al mundo. Y ahora, mira, escucha, y aprende".

Tocad trompeta en Sion, y dad alarma en mi santo monte; tiemblen todos los moradores de la tierra, porque viene el día de Jehová, porque está cercano. (Joel 2:1)

Ate al enemigo

En la gran abertura, vi muchos demonios. Eran de varios tamaños, desde medio metro hasta cuatro metros y medio. Algunos de los demonios altos tenían cuernos en la cabeza; rostros grandes y amplios; y dientes grandes y colmillos. Tenían cuerpos enormes y peludos y manos largas con forma de garra, con algo por detrás que parecían cuchillas, y piernas y pies grandes. Algunos de estos demonios tenían tres cabezas. Algunos tenían seis pies, otros tres, otros dos, y otros tenían uno. Algunos tenían un solo brazo, algunos tenían dos, y otros tenían seis. Algunos demonios tenían seis alas, mientras que otros tenían diez. Algunos tenían forma de rabo alargado con cuchillas. Otros tenían forma de serpiente y tenían alas que parecían cabezas de serpiente; tenían ojos malvados y colmillos, y salía fuego de sus bocas.

Me dio un escalofrío y dije: "Jesús, ¿por qué me estás mostrando esto?". Él dijo: "Este es el reino de Satanás, hija. Él trabaja en la oscuridad; seduce. Él manda demonios para que lleven drogas, alcohol y abuso a las familias. Por eso te di mi nombre, el Señor Jesucristo, para que tengas autoridad y ates estas cosas; y serán atados con cadenas".

Mientras miraba a uno de los demonios, una gran cadena negra en llamas salió de la nada y lo ató. El demonio gritó, se cayó, y no podía moverse. Los otros demonios corrieron. Jesús dijo: "Uno de mis hijos en la tierra está atando a este demonio con mi nombre, el nombre de Jesucristo". El demonio atado fue envuelto en llamas, y fue reducido a cenizas. Yo dije: "Señor, ha sido incinerado". Él dijo: "Sí, y yo quiero que todos sean incinerados. Pero ven". Pasamos al lado de las cenizas de aquel demonio maligno, y un viento caluroso sopló y se llevó las cenizas. (Véase Malaquías 4:3).

Y les dijo [Jesús]: *Yo veía a Satanás caer del cielo como un rayo. He aquí os doy potestad de hollar serpientes y escorpiones, y sobre toda fuerza del enemigo, y nada os dañará. Pero no os regocijéis de que los espíritus se os sujetan, sino regocijaos de que vuestros nombres están escritos en los cielos.* (Lucas 10:18–20)

Seguí andando con mi Rey, pero estaba cansada. Estaba pensando en todos los demonios que había visto, y me volvió a dar un escalofrío. Los artistas que representan los demonios con caricaturas no tienen siquiera idea de lo que están dibujando. Hay muchos poderes seductores en la tierra.

Jesús dijo: "Mira, escucha, y aprende". Levantó su brazo de nuevo, y una gran abertura apareció, pero esta vez podía ver la tierra. Vi el interior de un gran supermercado con gente que llevaba carros de la compra. Había familias allí. De repente, unos demonios grandes se materializaron alrededor de algunas de las personas. Uno de ellos llevó a una mujer a la sección de licores; le susurraba al oído: "Compra esto; sabes que lo quieres. Te haría sentir bien beberlo". Ella movía su cabeza en negación y siguió andando. Entonces, un demonio más grande se paró frente al carro, lo detuvo, y le susurró algunas otras cosas. Ella se dio la vuelta y compró el licor. Jesús me dijo que estos demonios trabajan en grupos de uno, dos, tres, cuatro, cinco, y seis; de forma diferente según el momento para seducir a la gente a entrar en pecado y para destruir sus vidas y sus familias.

A continuación Jesús me mostró otra parte de la visión en la que muchos autos estaban en un atasco en una autopista. Me mostró el interior del auto de un hombre en el que había tres demonios. Uno de los demonios susurró: "Bueno, simplemente conduce alrededor de ellos y sal de este lío". En otro auto, un demonio más grande se estaba riendo y le decía al conductor: "Bueno, me gustaría simplemente atropellar a todos y matarlos". Y a continuación vi que los dos autos salían de su lugar y se estrellaban. Los autos volcaron y los conductores murieron. Yo pensé: *Dios mío, el poder de estas lenguas de oscuridad, y estas palabras de maldad.* Dije: "Debemos obedecer las leyes de los países. Nuestro mundo sería un caos si no tuviéramos leyes".

A continuación fui llevada con Jesús en el Espíritu. Parecía como si estuviéramos en un bar en la tierra. Jesús me dejó ver en el interior y me fijé en los taburetes de la barra. Había demonios sentados en la oscuridad, y estaban susurrando a los hombres: "Compra más alcohol y empieza una pelea". Estos demonios parecían entrar y salir de algunos de los hombres, y yo me preguntaba por qué. Allí también había mujeres. Jesús dijo: "Ellos han abierto la puerta al enemigo para que haga lo que quiera con ellos". Yo pensé: *Dios mío*. Entonces, Él dijo: "Todos ellos acabarán en el infierno, hija mía, si alguien no les avisa. Deben arrepentirse y volver a mí, y yo les daré libertad, les protegeré con mi Palabra, mi pacto y mi sangre".

De nuevo, le reto a asistir a una buena iglesia que le enseñe la Santa Palabra de Dios y a apartarse del mal.

Después de esto, Jesús y yo estábamos andando por el infierno sobre un suelo muy quemado y agrietado. Nos detuvimos, y yo vi muchas llamas, al igual que celdas. Jesús dijo: "Mira". Cuando miré las celdas, vi a las personas que habían colisionado sus autos en la autopista. Vi a la mujer que había estado en el supermercado. Y también vi a otras personas de otras escenas que había presenciado. Durante unos cuantos minutos, esas almas parecieron tener carne para que pudiera reconocer quiénes eran. A continuación la carne se convirtió en huesos, y había gusanos en los huesos, y escuché los gritos de estas almas muertas. Estaban diciendo: "¿Por qué nadie me avisó? ¿Por qué nadie me habló acerca de este lugar?".

El Señor me miró y me dijo: "Katherine, debes avisar a la gente. Debes contarles acerca de este lugar llamado infierno. Muchos artefactos demoniacos están siendo usados en contra de las personas. Y yo te he dado la autoridad para atar al diablo, para desatar mi poder en la gente, y para poner en libertad a los cautivos. Estoy ungiéndote con una nueva unción para compartir esta nueva relación. Estoy ungiéndote con más poder, hija mía, para dar libertad a los cautivos".

[Jesús dijo]: *El Espíritu del Señor está sobre mí, por cuanto me ha ungido para dar buenas nuevas a los pobres; me ha enviado a sanar a*

los quebrantados de corazón; a pregonar liber-
tad a los cautivos, y vista a los ciegos; a poner
en libertad a los oprimidos… **(Lucas 4:18)**

Mi corazón se compadece de todas aquellas personas que están siendo cautivas por el diablo. Miré a Jesús y dije: "Gracias, mi Señor, gracias, gracias". Seguimos andando, y yo estaba pensando: *Bueno, Jesús, yo también he cometido errores. ¿Cómo puede ser que me uses?*

De repente, el Señor se detuvo, me miró, y me dijo: "Katherine, mi Padre te ha escogido, y yo te he escogido. Has sido lavada con mi sangre; has sido purificada por mi sangre. Eres limpia por mi Palabra. No quiero que te preocupes acerca del pasado, porque ya no existe. Debemos mirar hacia el mañana y tener esperanza, hija mía, mucha esperanza".

Llaves para liberar a los cautivos

Jesús dijo: "Ahora quiero mostrarte un lugar con diferentes capas y grados de diferentes tormentos de las almas con respecto a las obras de la carne que cometieron en la tierra. Algunos de ellos fueron asesinos. Algunos fueron ladrones. Otros fueron mentirosos. Yo puedo hacer que las personas venzan estas cosas si me aceptan como su Señor y Salvador, si me entregan su corazón y me aman con toda su mente, con toda su alma, y con todas sus fuerzas. Tengo muchos planes para la gente, Katherine. Te estoy mostrando el lugar donde habitan los muertos y la razón por la cual están aquí, y te estoy mostrando que yo soy el camino, la verdad, y la vida. Si alguien viene a mí, de ninguna manera le echaré fuera.[19]

19. Véase Juan 6:37.

"Estoy mostrándole a la gente a través de revelaciones cómo orar y usar mi nombre para derribar fortalezas y cerrar puertas de maldad. Hace muchos años, hija mía, me aparecí a ti en un arbusto en llamas en Guatemala. Hay muchas cosas que quiero enseñar a la gente acerca de las llaves del reino. Las llaves del reino son: Lo que ates en la tierra será atado en el cielo. Lo que desates en la tierra será desatado en el cielo.[20] Y hay muchas otras llaves". Yo dije: "Gracias, Jesús, por esas enseñanzas. Gracias por esta revelación. Gracias, Señor".

Jesús nos dio las llaves del reino para que pudiéramos tener dominio y autoridad sobre los poderes de la oscuridad y por lo tanto liberar a los cautivos. Muchas veces, he estado ministrando en una reunión cuando la unción de Dios ha llegado de forma poderosa, y algunas personas han comenzado a gritar y a buscar a Cristo. La gente me ha dicho que Dios les tocó y les liberó. Comparto estos conocimientos que adquirí a través de las revelaciones para que la gente pueda entender cómo usar las llaves del reino para liberar a los cautivos.

En una visita poderosa y sobrenatural, el Señor me reveló más llaves del reino. Cuanto más pienso en ellas y estudio acerca de ellas, más me convenzo de que las llaves del reino son similares a los diversos frutos del Espíritu de Dios. (Véase Gálatas 5:22–23). Aparte de las llaves de atar y desatar y usar la autoridad del nombre de Jesús, otras llaves son:

- Obediencia. Obedecer a Dios y hacer lo que Él nos diga que hagamos. Si fallamos, debemos levantarnos inmediatamente, arrepentirnos, pedir perdón, y continuar.

- Compasión. Mostrar preocupación real por los perdidos, los enfermos y los oprimidos.

20. Véase Mateo 16:19; 18:18.

- ◆ Humildad. Tener un espíritu humilde ante Dios.
- ◆ Amor. Amar a otros como Dios nos ha amado.

A medida que obedecemos a Dios, tenemos gran compasión por la gente, nos humillamos ante Dios, y amamos a otros, entonces ocurrirán milagros y maravillas.

Recorría Jesús todas las ciudades y aldeas, enseñando en las sinagogas de ellos, y predicando el evangelio del reino, y sanando toda enfermedad y toda dolencia en el pueblo. Y al ver las multitudes, tuvo compasión de ellas; porque estaban desamparadas y dispersas como ovejas que no tienen pastor. Entonces dijo a sus discípulos: A la verdad la mies es mucha, mas los obreros pocos. **(Mateo 9:35–37)**

El Señor me dijo: "Katherine, muchas almas no estarían en el infierno si hubieran escuchado y usado las llaves del reino. Si muchos de mis ministros se preocuparan por su propia vida y dejaran de hacer las cosas que el mundo está haciendo, y volvieran a mí con todo su corazón, su mente, su alma, y sus fuerzas, miles serían salvos de este lugar. Verdaderamente, hay más enseñanzas acerca de las llaves del reino. Pero avancemos, hija".

Arenas movedizas en el infierno

Jesús y yo comenzamos a caminar de nuevo, y llegamos a una gran explanada llena de diferentes grados de fuego, con esqueletos de todos los tamaños. Había llanto y crujir de dientes. De los huesos de los esqueletos salían gusanos. Miré y vi cómo los esqueletos gritaban y se sacaban algunos de los gusanos.

Cuando llegamos a este grupo de esqueletos (debía de haber unos dos mil) vi que tenían cadenas negras alrededor de sus tobillos y que también estaban encadenados unos a otros. Había llamas a su alrededor que les envolvían hasta por encima de la cabeza. Las llamas se apagaban un poco y a continuación volvían a levantarse. Los esqueletos estaban de pie sobre algo que parecía arenas movedizas, porque de vez en cuando algunos de ellos se hundían bajo la superficie para luego salir otra vez a flote.

Mientras las llamas quemaban sus huesos, lo esqueletos gritaban: "¡Ayuda! ¿Acaso a nadie le importa mi alma? ¡Ayuda, no puedo morir! ¿Por qué no me avisaron de este lugar? ¿Por qué nadie me contó acerca de este lugar de maldición eterna?".

Contemplé horrorizada los demonios que estaban alrededor de este extenso lugar. La zona parecía un lago seco, pero estaba húmedo y mojado en el lugar donde estaban los esqueletos. Miré más de cerca y me fijé en que algunos esqueletos se hundían hasta la cintura antes de salir de nuevo a flote, mientras que otros se hundían hasta el cuello antes de salir de nuevo a la superficie. Sus gritos y los de los otros muertos eran increíbles.

Yo pensé: *Dios mío, qué cosas tan terribles hacen a las personas las drogas, el alcohol, la perversión, la impureza y todas las obras de la carne; y sin embargo, estos fuegos son el juicio eterno de Dios, los fuegos de Dios que nunca se apagan.* (Véase Marcos 9:43–48). Observé asombrada mientras otros demonios arrastraban almas hacia un alto precipicio y las lanzaban a las arenas movedizas, lo cual se añadía a los gritos de los muertos. Yo me preguntaba: *Oh Dios mío, ¿qué tormento es este? ¿Qué tortura es esta, Jesús?* Jesús me miró y dijo: "Hija mía, he aquí que yo di mi Palabra, di mi nombre, di mi sangre. Di instrucciones en mi Santa Palabra. Tengo grandes predicadores y líderes en los países; y sin embargo, muchas personas siguen amando sus malvados caminos: sus fiestas, peleas, bebida, malas palabras, blasfemias, y hablar maldad de todas las cosas y de todos los hombres. Les ruego una y otra vez que se detengan, pero no lo hacen. Y este es el fin para algunos de ellos; este es el lugar del juicio de Dios para algunos hombres y mujeres que han ido por un camino diferente. Amaban los deseos de su propia carne más que los mandamientos de Dios. Hombres que amaban a hombres y mujeres que amaban a mujeres.

"Se han producido muchos clamores para que la gente en la tierra se arrepienta, como en Sodoma y Gomorra; algunos lo han hecho y otros no. Pero si te das cuenta, cuando estas almas salen de las arenas movedizas están atadas juntas, y se golpean y se gritan unas a otras con sus huesudos brazos y manos. No son otra cosa sino esqueletos llenos de huesos de hombres muertos. Gritan debido a sus pecados, y aun así desean aún hacer maldad; pero no pueden".

Ay del hombre que no escuche la Palabra de Dios, dije para mí. *Ay de la mujer que no preste atención a la corrección.* Cuando volví a mirar a esas masas, más de dos mil almas vestidas de fuego y siendo tragadas a las arenas movedizas, pensé: *Oh, Dios mío, debemos avisar a la gente, debemos contarles acerca de este horrible lugar.* Recordé que el libro de Romanos dice que Dios entregó a algunas personas a una mente corrupta porque le rechazaron a Él y no quisieron aprender más de Él. (Véase Romanos 1:18–32). A medida que observaba, pensé en la cantidad de miles de personas que están en ese estado.

Hoy día, ciertas leyes en nuestros países han cambiado para mal. La verdad acerca de Jesucristo debe ser predicada cada vez más para salvar a la gente de un infierno terrible. Creo que debemos amar a las personas, darles consejos y guiarlas, para que tal vez se aparten de sus pecados y se vuelvan a Dios. Debemos mantenernos firmes en el consejo de Dios e intentar ganar incluso a los asesinos para Él. La gente debe entender el papel y la forma de actuar de los demonios, aunque a veces incluso hay personas que hacen cosas malvadas a propósito sin que haya demonios de por medio. Debemos usar las llaves del reino para liberar a la gente.

Me postro ante Jesús en mi corazón. Le amo, y sé que hay que pagar un precio para estar a solas con Él, ya que el enemigo no quiere que pasemos tiempo con Jesús, aprendiendo de Él, creyendo en su Palabra, y entendiendo su poder sobrenatural.

Miré a mi Salvador, y la expresión que había en su rostro era de gran dolor. Mientras observaba el juicio de su Padre sobre las almas perdidas, sus ojos estaban muy tristes. Jesús me dijo: "Si tan solo hubieran escuchado, no estarían aquí. Ojalá hubieran entendido que yo hice todo por ellos para que pudieran tener vida eterna en el cielo conmigo. Ven hija, quiero mostrarte algo más".

Porque de tal manera amó Dios al mundo, que ha dado a su Hijo unigénito, para que todo aquel que en él cree, no se pierda, mas tenga vida eterna. Porque no envió Dios a su Hijo al mundo para condenar al mundo, sino para que el mundo sea salvo por él.

(Juan 3:16–17)

Serpientes devoradoras

Comenzamos a andar por un camino de curvas, y yo podía escuchar los gritos de los muertos en la oscuridad profunda. Me preguntaba a dónde me llevaba Jesús, y me agarraba fuertemente a su mano. Tenía mucho miedo. Pensé en mi familia en la tierra, y preguntándome: *¿Cómo me van a creer?* Pensé en pasajes en la Biblia que hablan de que Dios nos protegerá y velará por nosotros.[21] Pensé en que quería que Jesús volviera a la tierra rápidamente.[22] Pero mientras andaba por el infierno entre los muertos, también pensé en los millones de personas en la tierra que no conocían a Jesús y en la responsabilidad tan grande que yo tenía de llevar esta revelación del infierno al mundo.

Cuando llegamos a un precipicio alto, miré a mi alrededor. Había oscuridad, después luz, y después fuego abajo. Después de eso vi lo que parecía otra montaña, como un volcán preparado para hacer erupción. Estaba rojo y abultado, y su base parecía carbón. Miré al Señor y dije: "Jesús, ¿eso será un terremoto?". Él dijo: "Sí, hija, en el tiempo que ha sido señalado. Mi Padre está en control de todas estas cosas. Y Él ha dicho que quiere que el hombre se arrepienta y se vuelva a Él, hija".

---

21. Véase, por ejemplo, Salmos 139:7–10.
22. Véase, por ejemplo, Apocalipsis 22:20.

A continuación Jesús me dijo: "Mira por aquí". Yo estaba a su derecha, y miré abajo del precipicio. Tenía mucho miedo a las alturas como esa, así que me agarré a Él y dije: "¿Qué es esto Jesús?". Él me respondió: "Sigue mirando en la oscuridad". Miré al fondo del precipicio. Mientras Jesús hablaba, apareció luz, y pude ver un valle en el que había serpientes del tamaño de un tren. Algunas estaban enrolladas, y otras estaban estiradas. Yo grité: "Jesús, ¿qué es esto?". Él dijo: "Estas serpientes serán puestas en libertad después de que mi iglesia sea perseguida.[23] Serán destruidas, pero devorarán a muchos antes de que eso ocurra, hija mía". *Oh Dios, oh Dios.* Dije: "Por favor para esto; por favor detén esta cosa tan horrible". Me miró con lágrimas en los ojos y a continuación movió de nuevo su brazo y la oscuridad volvió a cubrir las serpientes. Pero yo podía escuchar gruñidos, siseos, e incluso algunas blasfemias que venían de ellas. Pensé: *Dios mío, ¡cómo odio las serpientes!*

Jesús dijo: "Debes ir a casa ahora. Te llevaré de vuelta ahora, pero mañana en la noche te traeré de nuevo aquí, y te diré algunas cosas que es muy importante que oiga el cuerpo de Cristo y el mundo".

Reclamando las llaves y los dones de Dios:

Hasta aquí, hemos visto estas llaves del reino: (1) atar y desatar, (2) usar el nombre de Jesús, (3) obediencia, (4) compasión, (5) humildad, y (6) amor. Lea Gálatas 5:22–23 y escriba de qué forma cree que estas llaves del reino se corresponden con los frutos del Espíritu. Comience a enfocarse en un fruto del Espíritu en particular que desee cultivar para que pueda prepararse mejor para usar las llaves del reino.

---

23. Véase, por ejemplo, 1 Tesalonicenses 4:15–17.

8

Jaulas de cristal

Dones en cautiverio

La siguiente noche después de que Jesús me hubiera llevado de nuevo al infierno, Él me dijo: "Escucha, hija, hay
cosas que deben ser desatadas y liberadas de aquí. Toma las
llaves del reino y abre estas puertas conmigo". Jesús tenía
consigo muchas llaves. Yo dije: "Está bien, ¿qué debo hacer,
Señor Jesús?". Él dijo: "Mira, escucha, y aprende".

Caminamos varios kilómetros, según me pareció, alrededor de una zona que tenía montañas de calaveras y estaba
llena de malos olores. Cristo me dijo que llamara a esa zona
la Cueva de los escombros. Esta cueva era una revelación; por
ejemplo, incluso el estiércol en las paredes representaba la corrupción de la raza humana. También había muchos contenedores (tal vez unos mil) que parecían estar hechos de cristal
completamente.

Repentinamente, dejamos de caminar. Me acerqué a algunos de esos contenedores y me preguntaba por qué el cristal estaba tan limpio y por qué los objetos en su interior parecían objetos santos, tales como trompetas, tambores, túnicas,

coronas, partituras musicales y libros, todas ellos dorados. Yo dije: "¿Qué es esto, Señor Jesús?". Él dijo: "Estos fueron los dones que le di a mi iglesia y a mi pueblo para extender el evangelio; el libro de 1 de Corintios habla acerca de los dones de Dios".

Ahora bien, hay diversidad de dones, pero el Espíritu es el mismo. Y hay diversidad de ministerios, pero el Señor es el mismo. Y hay diversidad de operaciones, pero Dios, que hace todas las cosas en todos, es el mismo. Pero a cada uno le es dada la manifestación del Espíritu para provecho. Porque a éste es dada por el Espíritu palabra de sabiduría; a otro, palabra de ciencia según el mismo Espíritu; a otro, fe por el mismo Espíritu; y a otro, dones de sanidades por el mismo Espíritu. A otro, el hacer milagros; a otro, profecía; a otro, discernimiento de espíritus; a otro, diversos géneros de lenguas; y a otro, interpretación de lenguas. Pero todas estas cosas las hace uno y el mismo Espíritu, repartiendo a cada uno en particular como él quiere. **(1 Corintios 12:4–11)**

Uno de los contenedores de cristal tenía algo que parecía humo puro y precioso que ascendía y luego desaparecía. Otro tenía fuego en su interior. Aprendí que en estos contenedores, cada uno de los cuales tenía un candado, había "trofeos" de Satanás: cosas relacionadas con el Señor que el enemigo había robado. (Recuerdo vagamente haber leído algo similar años atrás escrito por alguien que también había visto el infierno, pero no recuerdo los detalles).

Liberando los tesoros de Dios

Estaba tan cansada que me apoyé en el Señor y dije: "Oh, Jesús, ¿qué puedo hacer?". Él dijo: "Mira, escucha, y aprende. Te he dado las llaves del reino. Quiero que tomes una llave en tu mano en el espíritu". De repente, miré mi mano y vi que había una llave espiritual en ella. "¿Qué hago con ella, Jesús?", pregunté. Él dijo: "Ven conmigo". A continuación estábamos parados frente a una de las grandes jaulas transparentes que parecían de cristal. Algo que parecía un destello blanco se movía en su interior. Yo dije: "¿Qué es esto, Señor?". Él respondió: "Toma la llave, introdúcela en el candado, y en mi nombre, Jesucristo, Emmanuel, Yeshúa, abre la puerta".

Así que en el nombre de Jesucristo, Emmanuel, Yeshúa, introduje la llave en el candado y la giré. El candado se abrió, y del contenedor salió una presencia preciosa. Jesús se había puesto de rodillas, y dijo: "Mi Espíritu fluirá de nuevo por la tierra y traerá convicción de pecado a la gente de la tierra. Mi Espíritu comenzará de nuevo a atraer a la gente hacia mí, hija, por miles".

Como un viento poderoso, esa presencia tan preciosa se elevó y salió del infierno; yo vi cómo atravesaba la tierra y ascendía al cielo. Y Jesús dijo: "Va a mi Padre, para que Él pueda purificar y limpiarla. Los ángeles se encargarán de ella". Andamos hacia el siguiente. Yo dije: "Oh, Jesús, vamos a tardar una eternidad". Y Él dijo: "No, ahora lo verás".

Encima de la siguiente jaula de cristal, la cual contenía una corona, estaba escrito "Los trofeos de Satanás". La corona parecía estar viva, ya que se movía por el aire y tenía joyas incrustadas. El Señor dijo: "Todo esto es espiritual y natural, hija. Quiero coronar a mi pueblo con gloria y justicia, pero el enemigo ha mandado millares de demonios que han bloqueado una gran parte de mi gracia para mi pueblo. Y yo quiero que quites todos esos escombros que la bloquean".

Mientras contemplaba esta preciosa corona, Jesús dijo: "Toma esto". De nuevo, una llave espiritual apareció en mi mano. A continuación Él dijo: "Hazlo en mi nombre, Jesucristo, Yeshúa, Emmanuel". Yo declaré: "En el nombre de Jesucristo, Yeshúa, Emmanuel, sé libre de este lugar". Cuando dije eso, la puerta de la jaula se abrió. Un viento envolvió la corona, y salió disparada hacia arriba directamente al cielo que estaba sobre la tierra. Y vi a los ángeles de Dios tomarla y llevarla a la gloria.

Fuimos a una última jaula. Debido al fuego de Jesús, el suelo a nuestro alrededor estaba siendo limpiado; los escombros se estaban consumiendo. Yo estaba muy contenta porque ya no había olores desagradables. Esta última jaula también tenía escrito "Los trofeos de Satanás". En su interior había espadas envueltas en llamas, y una Biblia sobre ellas. Se movían como si estuvieran vivas. Jesús dijo: "Aquí tienes otra llave. Haz lo mismo con esta". Yo dije: "En el nombre de Jesucristo y Emmanuel, el nombre de Yeshúa, abro esta puerta para la gloria de Dios, en el nombre de Jesús". La puerta se abrió de golpe, y a continuación un viento nos envolvió a Cristo y a mí, y nos fuimos elevando hasta salir del infierno, pasar el cielo, y hasta llegar a las galaxias.

El viento le pertenece a Jesús. Vi que las espadas envueltas en llamas estaban suspendidas en medio de las galaxias. Pensé: *Oh, Dios mío, las espadas están incendiadas, y la Palabra estaba sobre ellas. ¿Qué es esto?* Jesús me dijo: "Es mi Palabra. Mi Palabra volverá. La llama y las espadas representan el fuego de Dios. El fuego penetrará en la oscuridad y atravesará a los demonios, hija mía". Repentinamente, vinieron unos ángeles que se llevaron las espadas al cielo. Jesús dijo: "Serán limpiadas y purificadas".

Sobre todo, tomad el escudo de la fe, con que podáis apagar todos los dardos de fuego del maligno. Y tomad el yelmo de la salvación, y la espada del Espíritu, que es la palabra de Dios; orando en todo tiempo con toda oración y súplica en el Espíritu, y velando en ello con toda perseverancia y súplica por todos los santos.

(Efesios 6:16–18)

Miré al Señor y pensé: *Jesús, ¿quién soy yo para que hagas todas estas cosas a través de mí?* Él respondió: "Porque te he escogido, pequeña. Te amo, y voy a restablecer tu juventud. Te voy a fortalecer y voy a sanar tu cuerpo. La gente estará asombrada por la señal que serás en la tierra". Yo dije: "Oh, gracias Dios. Gracias. Estoy muy cansada, Señor. Oh, Señor, te amo tanto". Jesús dijo: "Ya te vas a casa, y mañana volveremos a la cueva, hija mía". Entonces estaba de vuelta en mi casa.

Jesús me había revelado que lo que había visto esa noche representaba lo espiritual y lo natural; yo estaba usando llaves sobrenaturales para cambiar cosas en la tierra. Yo sabía que lo que Satanás había capturado debía ser puesto en libertad en el poderoso nombre de Jesucristo con las llaves del reino. Al haber andado con el Rey, yo sabía lo importante que era escuchar cada palabra que Él decía. Mientras pensaba en todas estas cosas, entendí que el diablo había traído mucho dolor y depresión a las personas, haciendo que abandonaran sus dones y permitiéndole tomar esos dones y encerrarlos. Ahora estos dones debían ser desatados otra vez en la tierra.

Reclamar las llaves y los dones de Dios:

¿Qué dones le ha dado Dios para edificar su iglesia y alcanzar a los perdidos? ¿Los está usando? Si la respuesta es no, ¿por qué? Si se ha desanimado, deprimido, o incluso le ha dado pereza y ha permitido que sus dones se escapen de sus manos por no usarlos, pídale a Dios que le perdone y le devuelva esos dones. En el nombre de Jesús, libérelos de la fortaleza del enemigo. Después, pídale a Dios que le muestre cómo quiere que use esos dones para su gloria.

9

Dios ha rescatado su gloria

La siguiente noche, Jesucristo apareció y me dijo: "Hija, vámonos". Regresamos a la terrible cueva en la que había visto las jaulas de cristal que contenían los dones que Satanás había robado al pueblo de Dios. Miré a mi alrededor y pensé en cómo yo misma había dejado a un lado mis dones algunas veces. No había escuchado a Dios; no había orado; no había escrito. El Señor me había enseñado y contado muchas cosas que nunca había anotado ni contado a otras personas. Yo pensé: *Es muy importante permitir que Dios nos use al máximo.*

La restauración de los dones de Dios

Jesús y yo nos encontrábamos ahora delante de otra jaula de cristal. Como muchas de las otras, tenía un cartel que decía: "Los trofeos de Satanás". En ella, había libros y plumas suspendidos en el aire. Las páginas de los libros se abrían, y yo podía ver que contenían revelaciones de conocimiento y sabiduría de Dios. Las portadas de los libros cambiaban de dorado a plateado. Estos eran libros que Dios quería que algunas personas escribieran, libros que serían ganadores de premios.

Observé mientras Jesús me dijo: "Toma la llave espiritual". De nuevo, una llave espiritual apareció mi mano. Él continuó: "Ahora abre esta puerta en mi nombre". Así que metí la llave en el candado y la giré en el nombre poderoso de Jesús; ordené a la puerta abrirse en el nombre de Yeshúa, Emmanuel. Cuando abrí la puerta, de nuevo vino el viento, y la puerta se abrió de golpe. El viento llevó los libros fuera del infierno y directamente hacia arriba como un túnel al cielo. Sabía que los ángeles los atraparían, los limpiarían, y se los llevarían al Padre.

Me emocionaba saber que Dios estaba sacando del cautiverio los dones que Él había dado a la iglesia para predicar el evangelio de Jesucristo, para contarle a la gente acerca del cielo y el infierno, y para anunciar su venida. Lloré un poco en mi alma, y pensé: *Oh Dios mío, voy a ser más obediente para que el diablo no pueda robar los dones de Dios.*

Yo sabía que Dios iba a reparar y a devolver sus dones a su pueblo y que muchos poderes demoniacos iban a ser incinerados por Dios, porque es su tiempo de juicio, para que la Palabra de Dios pueda extenderse por el mundo y la gloria de Dios pueda regresar de una forma más poderosa a la tierra. Yo *sabía* esto. El Espíritu Santo es mi guía y mi maestro, y Él está aquí conmigo mientras anoto estas revelaciones para que usted las pueda leer.

Fuimos a la siguiente jaula de cristal, y yo pensé: *¿Qué contiene esta?* Jesús dijo: "Katherine, ¿qué piensas que hay en esta?". Al principio, no podía ver nada en el interior. Después, cuando sí conseguí ver algo, no podía distinguir lo que era, pero parecía una nube. Así que pregunté: "Jesús, ¿qué hay en esta jaula de cristal?". Él dijo: "La razón por la que está en una jaula de cristal y es transparente es para que Satanás no pueda venir aquí y regocijarse al pensar en lo que ha hecho con los dones de Dios. Pero en este día, serán puestos en libertad y volverán a la tierra, y mi Padre los purificará".

Cuando miré en el interior de la jaula de cristal, sus contenidos desaparecieron de nuevo, y a continuación apareció algo que parecía oscuridad y luego luz. Pensé: *¿Qué es esto, Jesús?* Él me dijo: "Hija, mira de nuevo, pero reprende la oscuridad de mi nombre". Así que yo dije: "Padre, en el poderoso nombre de Jesús, reprendo esta oscuridad". Repentinamente, la oscuridad huyó.

Jesús dijo: "Hija, este es el don del discernimiento. El discernimiento real ha sido robado de la tierra. Este don es muy importante para el cuerpo de Cristo para que la gente no sea seducida por el diablo. Este don es manejado por el Espíritu Santo, pero fue robado, y el enemigo lo ha mezclado con falsedad. Él mezcla las cosas para engañar a la gente. Ahora, toma una llave espiritual y abre esta puerta".

Giré la llave en la cerradura y dije: "En el nombre de Jesucristo, en el nombre de Emmanuel, en el nombre de Yeshúa, abro esta puerta y libero este don". La puerta se abrió, y un viento vino como las otras veces. Era como si hubiera una suave brisa alrededor de este don de discernimiento, y salió disparado hacia arriba por la parte superior de la jaula y directamente al cielo. Ángeles lo introdujeron en algo que parecía un gran jarrón de cristal con una tapa. Yo dije: "Señor, eso es asombroso". Él respondió: "No es por fuerza, ni por poder, sino por mi Espíritu, dice el Señor;[24] y no permitiré que mi Espíritu sea mezclado con nada falso. Digo que el Espíritu de verdad, el Espíritu de revelaciones, el Espíritu de los dones

---

24. Véase Zacarías 4:6.

del Espíritu regresarán a la iglesia y a la tierra". Suspiré profundamente y continué a la siguiente jaula de cristal.

Saldrá una vara del tronco de Isaí, y un vástago retoñará de sus raíces. Y reposará sobre él el Espíritu de Jehová; espíritu de sabiduría y de inteligencia, espíritu de consejo y de poder, espíritu de conocimiento y de temor de Jehová.

(Isaías 11:1–3)

"Señor, ¿qué hay en esta jaula?", pregunté. Él me enseñó guitarras brillantes doradas y plateadas. En total, había doce jaulas de instrumentos musicales. Jesús dijo: "Satanás ha robado la auténtica alabanza de Dios, la auténtica música. Debe volver. Por lo tanto, toma la llave y abre estas jaulas". Tomé la llave espiritual de una de las jaulas y dije: "En el poderoso nombre de Jesús, Emmanuel, Yeshúa, pongo esto en libertad". Cuando giré la llave en el candado, el poder de Dios salió, y estos instrumentos musicales salieron despedidos fuera del infierno a la tierra que estaba encima, y los ángeles los recogieron. Lo mismo ocurrió con las otras, hasta que las doce jaulas habían sido abiertas con las llaves espirituales. Algunas veces, yo decía: "En el nombre de Jesucristo, Emmanuel, Yeshúa, pongo este don en libertad para que vuelva al Padre para ser reparado". Jesús me decía lo que debía decir. Él me dijo: "Hija, estás liberando estos dones del cautiverio de Satanás, y volverán a su lugar de origen para ser avivados". Yo respondí: "Alabado seas, Señor. Alabado sea Dios".

Continuamos andando y nos encontramos con muchas otras jaulas de cristal; había tantas que parecían ser infinitas.

Yo tomaba las llaves y decía lo que Jesús me decía que dijese. Llegamos a una en la que flotaba una preciosa túnica de raso. Era de un color blanco fluorescente con detalles dorados, y de vez en cuando aparecían detalles en rojo. Estaba adornada con diamantes y todos los tipos de piedras preciosas que se pueda imaginar, al igual que con perlas. Tomé la llave y dije: "En el nombre de Jesucristo, Yeshúa, Emmanuel, libero esto del cautiverio de Satanás". Después de abrir la puerta, la túnica salió disparada, ¡y Jesús gritó! A medida que ascendía, parecía que había una paloma volando con ella. Jesús me dijo que esa era el manto de justicia. Muchos del pueblo de Dios se habían vendido al pecado y los placeres de la carne, y no estaban viviendo vidas santas, pero ahora, la justicia sería devuelta a la iglesia.

Seguimos caminando, y llegamos a una jaula de cristal que contenía la túnica de la salvación. En otra jaula había algo que parecía una paloma, llorando. Después de ponerlos en libertad, fuimos a una jaula que contenía la silueta de lo que parecía el espíritu de una persona agachando su cabeza en humildad y llorando. Dios no me dijo lo que era. Pero Jesús lo puso en libertad, y como todos los demás, salió disparado hacia arriba y salió por la parte de arriba de la cueva en un poderoso remolino de viento, y los ángeles lo recibieron en el aire.

Durante varios días, Jesús y yo caminamos entre estas jaulas de cristal. Él ponía las llaves espirituales en mi mano, y yo con mucho gusto abría las puertas. Una jaula estaba llena de oro y plata, y Jesús dijo: "Hija, Satanás ha atado las finanzas, el dinero, de muchos, pero mi Palabra es verdadera. Yo dije que bendeciré; restauraré a mi pueblo y le traeré riquezas para que puedan predicar mi evangelio. Toma esta llave espiritual". Puso en mi mano una llave espiritual, y yo dije: "En el nombre de Jesús, Emmanuel, Yeshúa…". Esta vez, Jesús me dijo que añadiera: "…a Dios sea la gloria", y que lo liberara. Cuando giré la llave dentro del candado, la puerta se abrió de golpe. La gloria del Señor es muy poderosa. Un viento vino, recogió todo el oro y la plata, y lo llevó a través de la parte superior de la cueva al cielo, donde había lo que parecían caballos con carros y un lugar para almacenar todo este oro y plata. Había jinetes en los carros, y gritaron: "¡A Dios sea la gloria!". Yo pensé: *Oh Dios mío, qué visión, qué revelación. La tierra necesita saber que Dios realmente está poniendo en libertad su gloria.*

Porque la tierra será llena del conocimiento de la gloria de Jehová, como las aguas cubren el mar. (Habacuc 2:14)

"El ladrón ha sido capturado"

No sé cómo explicar esto con palabras, pero cuando miré a Jesús, Él parecía tener "más". Él está lleno de sabiduría y entendimiento, pero de alguna forma parecía estar incluso más firme. Miré en el interior de otra jaula y vi que había, suspendidas en el aire, Biblias de todas las naciones. El Señor dijo: "Satanás ha diluido mi Palabra. El ladrón ha sido capturado, Katherine. Con una revelación que lanzaré a la tierra, la gente sabrá lo malvado que es el diablo, y comenzarán a clamar a mí y a poner de nuevo su confianza en mí. Satanás ha hecho que ya no se fijen en mí, y ha traído palabras distorsionadas".

Jesús me dio una llave espiritual, y con esa llave del reino abrí la puerta en el nombre de Jesucristo, Yeshúa, Emmanuel. La puerta se abrió de golpe, y el viento vino y llevó esas Biblias fuera del infierno al cielo que está sobre la tierra. Ángeles vinieron a recuperarlas, como lo habían hecho con los contenidos de todas las otras jaulas; los ángeles tenían pequeños contenedores preciosos de cristal, y pusieron cada Biblia dentro de uno de los recipientes y a continuación volvieron al cielo. El Señor dijo: "Hija, este día, dice el Señor tu Dios, gracias a que tú estás escribiendo y anotando esto en 2013, comenzarán a estallar grandes avivamientos en la tierra porque esto está siendo revelado".

Continuamos a la siguiente jaula de cristal, la cual estaba llena de fuego. Jesús me dijo: "Hija, en toda mi Palabra se habla de Dios como un fuego consumidor. En toda mi Palabra se habla acerca del fuego del Espíritu Santo, la presencia del Espíritu Santo. Se habla de cómo el fuego es usado para limpiar y purificar las cosas. También, en Malaquías dice que los malvados serán cenizas…". Él me dijo: "Di 'cenizas'". Yo dije: "Cenizas". Entonces, Él continuó: "…bajo las plantas de tus pies. Mis santos no me han buscado para que haga realidad esa revelación. Yo les di las llaves. Les di el fuego a través del bautismo del Espíritu Santo. En el libro de Hechos, el fuego de Dios estaba representado incluso en lenguas de fuego sobre las cabezas de los discípulos.[25]

"Ahora, hija mía, este fuego que está aquí dentro se ha mantenido en secreto. Dice: 'Trofeo de Satanás' porque a pesar de que hay muchas personas en la tierra, muy pocos han entendido esta revelación; pero este es el don más poderoso que he dado mis hijos, y el don del amor. Y sus corazones

---

25. Véase Hechos 2:1–4.

deben ser puros; deben vivir correctamente para poder usar este fuego. Hija mía, ahora lo desataré, dice el Señor tu Dios, y se extenderá por toda la tierra, y traerá avivamiento. Consumirá las sequías. Consumirá los poderes demoniacos. Este es su tiempo de juicio; es ahora porque yo fui a la cruz y derramé mi sangre. Muchos no entienden esta revelación, pero pueden usar mi nombre para pedirle al Padre que mande el fuego para consumir la oscuridad, y el Padre lo hará".

Jesús pagó el alto precio de que se hayan burlado de Él, de tomar sobre sí mismo los pecados del mundo, sufrir la muerte en la cruz, y derrotar a Satanás y a sus demonios para que podamos usar su nombre, el nombre del Señor Jesucristo, para derrotar al enemigo. Pero hemos sido negligentes y no hemos usado su nombre; y no hemos entendido el poder del fuego de Dios para destruir las obras del enemigo. Debemos pedirle al Señor que mande su fuego para consumir las fuerzas de la oscuridad.

Yo dije: "Oh, Señor, perdóname por no entender". Él dijo: "La jaula de cristal en la que vimos el humo, la oscuridad, y la luz que fue puesta en libertad, hija mía, también era para tener entendimiento". Cuando le miré, vi cómo su cara se iluminó, y pregunté: "Oh Jesús, ¿estás muy contento por esto?". Y Él dijo: "Sí, toma esta llave espiritual en mi nombre y abre esto". Tomé la llave del reino que Él me había dado, y, en el nombre de Jesucristo, Yeshúa, Emmanuel, abrí la puerta de la jaula que contenía este fuego, y esta se abrió de golpe. Un viento fuerte vino y nos recogió a Jesús, a mí y al fuego, y salimos por la parte superior de la cueva, a la tierra, por encima de la tierra, y a las galaxias, dejando la tierra muy abajo. Jesús dijo: "Mira, mira, ángeles". Había muchos ángeles gritando, y estaban bailando en medio de un fuego. A continuación, otros ángeles vinieron y pusieron el fuego de esta jaula en un recipiente.

El que hace a los vientos sus mensajeros, y a las flamas de fuego sus ministros. (**Salmos 104:4**)

Vi algo que parecía unas escaleras que subían al cielo. Y Jesús dijo: "Debo irme, y tú debes volver a casa. Pero quiero decirte algo: Muy pronto, subiremos estas escaleras al cielo para que vuelvas y lo cuentes. No será tu tiempo de dejar la tierra. Te llevaré allí tan solo de visita y te traeré de vuelta. Pero ahora debo irme con mis ángeles al Padre y presentarle esto a mi Padre". Yo pensé: *Oh, estoy muy contenta. Esto es realmente Dios.* Con su dedo, Jesús escribió en el cielo algunas palabras en hebreo que no entendí. Después, estaba de vuelta en mi casa, y la luz del día comenzaba a aparecer. Yo pensé: *Oh mi Señor, qué precioso.*

Jesús había dicho: "El ladrón ha sido capturado". Eso significaba que el diablo había sido capturado junto con sus engaños, sus burlas, su seducción, el hecho de tomar los dones de Dios, mutilarlos, y mezclarlos con corrupción. Pero Jesús dijo que el fuego de Dios estaba siendo desatado para consumir mucha de la oscuridad del enemigo y para dar a sus santos entendimiento de cómo usar el fuego del Espíritu Santo, el fuego de la presencia del Señor. ¡Alabado sea el Señor!

El fuego trae limpieza. Dios tiene un fuego espiritual para destruir la oscuridad. Tiene armas que usar contra Satanás. Tiene espadas. Tiene su poderosa Palabra. Y nosotros debemos aprender acerca de sus dones y las armas que tiene para nosotros. Debemos estudiarlas y, en el nombre de Jesucristo, seguir adelante con ellas para derrotar al enemigo. Por lo tanto, lea la Biblia y estudie los pasajes que hablan acerca del fuego espiritual de Dios. (Véase, por ejemplo, Éxodo 13:21–22; 24:17; Deuteronomio 4:24; 9:3). *"Porque nuestro Dios es fuego consumidor"* (Hebreos 12:29).

El gigante dormido

El libro de Proverbios dice que un ladrón debe devolver siete veces más de lo que robó. (Véase Proverbios 6:30–31). Yo creo que lo mismo se puede aplicar con respecto a lo que Satanás ha robado de la iglesia. Dios nos ha dado llaves espirituales para abrir candados espirituales y para poner en libertad lo que el diablo nos ha robado. Por lo tanto, con la sabiduría de Dios, tan solo quiero decir esto: es tiempo de que recuperemos esos "trofeos" de Satanás. Es tiempo de que nos levantemos y usemos nuestros dones. Es tiempo de que nos pongamos de pie con las llaves del reino.

Debemos reconocer que hemos sido demasiado vagos y apáticos con respecto a las cosas de Dios. A pesar de que el Señor nos ha dado muchos dones, no queremos usarlos. A veces, tenemos miedo de que ofenderemos a alguien si usamos un don. Amigo, Dios quiere que se levante y le sirva, sin importar a quien ofenda. Yo profetizo que usted se levantará con el don que Él le ha impartido, el que ha sido enterrado. Yo profetizo que usted será tan valiente como un león y tendrá el coraje para completar el trabajo que Dios le ha asignado, porque miles están muriendo y yendo al infierno; el mismo infierno que yo he estado describiendo. Hay muchas almas sufriendo castigo eterno actualmente que desearían haber nacido de nuevo, desearían haber obedecido a Dios.

El Señor le pide que se una a Él para derrotar al enemigo. Debe despertar, sacudirse el polvo, y comenzar a orar y hacer lo que Él le ha llamado hacer. Hay personas que están leyendo este libro ahora mismo y que están huyendo del don que Dios les ha dado. Deténgase, arrepiéntase, y reclame ese don enterrado en el nombre de Jesús. Dios quiere que usted vuelva a unirse a su ejército. Él sanará sus heridas, y Él herirá de muerte a las fuerzas de la oscuridad. No me refiero a que alguna persona reciba una herida mortal, sino al diablo y sus espíritus demoniacos. Es tiempo de que la iglesia se levante como un poderoso ejército para Dios en la tierra. Que este "gigante dormido" se levante en el poderoso nombre de Jesús. ¡Amén!

Reclamar las llaves y los dones de Dios:

¿Está huyendo de los dones que Dios le ha dado? ¿Tiene miedo de ofender a alguien si usa un don en particular? Si es así, supere ese temor enfocándose en las formas en que su don ayudará a otras personas a crecer en su fe, a ser sanados o liberados, a ser confortados, espiritualmente refrescados, etcétera. Encomiende sus dones a Dios y a continuación comience a ejercitarlos en fe. Comience a usarlos en pequeñas formas, y a medida que vaya aprendiendo a ejercitarlos bajo la guía de Dios, gradualmente será capaz de usarlos de formas más grandes.

Debemos recordar siempre, también, que nuestros dones espirituales deben ser usados en conjunto con los dones de otros creyentes. Debemos trabajar juntos en el nombre de Jesús para cumplir los propósitos de Dios. Hace falta una unción colectiva para romper los yugos de cautiverio demoniaco de la gente. Dios desea que se restablezca la unidad en el cuerpo de Cristo. (Véase, por ejemplo, 1 Corintios 12:12–31).

10

Levántese

En este capítulo quiero hablar más acerca de despertar al gigante dormido. El gigante es el pueblo de Dios, su ejército, por toda la tierra. Hemos estado dormitando durante demasiado tiempo. La iglesia debe ser removida de nuevo, y sus líderes (profetas, apóstoles, pastores, y otros) deben recomponerse, porque hay millones de personas espiritualmente perdidas y oprimidas que nos necesitan. Debemos comprender la realidad del cielo y el infierno y el significado de nuestro llamado a compartir el evangelio. Hemos sido demasiado perezosos a medida que el tiempo se nos ha ido de las manos y cientos de miles han ido al infierno.

¿Qué pasaría si acabaras de morir y, habiendo rechazado a Jesucristo, estuvieras entrando al infierno ahora mismo? Dios me ha mostrado los horrores del castigo eterno, y Él ha mostrado esos horrores a otros también. Él seguirá mostrándolos, porque está intentando hacer que los creyentes despierten. Voy muy en serio con respecto a esto. Debemos *"pelea*[r] *la buena batalla de la fe"* (1 Timoteo 6:12).

La recámara de la muerte

Jesucristo se me apareció de nuevo, y por su poder, me llevó con Él en descenso a una puerta del infierno. Esta vez, aparecimos en una zona que estaba incluso más oscura que ninguna en las que había estado antes. Jesús dijo: "Mira, hija, estamos en el brazo derecho del infierno". Él levantó su brazo derecho, y una gran puerta apareció en la oscuridad. A continuación, Él habló, y por todos lados hubo luz. Pude ver cosas que simplemente le asombrarían. Me asombraron a mí, y le di la mano al Señor.

Jesús llevaba puesta ropa blanca, la cual era brillante y radiante, un cinturón dorado alrededor de su cadera, y sandalias. Su cabello era precioso, y su piel era de color oliva. Sus ojos atravesaban mi alma. Mientras le miraba, comencé a llorar y dije: "Señor Jesús, tú moriste y diste tu vida y tu sangre para evitar que viniéramos a este lugar. Y lo que veo con mis ojos es horrible".

Me mantuve cerca de Él y simplemente lloré. Él puso su brazo sobre mis hombros para consolarme y dijo: "Hija, ni siquiera te das cuenta de lo importante que eres para mi reino. No te das cuenta, ¿no es así?". Yo dije: "No, Señor". Él dijo: "Me alegra que seas como un niño, con un espíritu humilde de compasión, para que puedas contar estas cosas que ves sin avaricia, sin desear dinero".

Miré hacia el lugar en el que Jesús había abierto la puerta en la oscuridad, y parecía que yo podía ver nítidamente más de 150 kilómetros. El área dentro de la puerta se llamaba La recámara de la muerte. Yo pensé: *Oh Dios mío, todo lo que hay en el infierno es muerte.* Jesús dijo: "Sí, hija, pero mira a la parte superior de la recámara y lee lo que está escrito". En la parte superior de la recámara, que parecía estar hecha de cobre y bronce, había un letrero enorme con las palabras "Trofeos de Satanás". Yo dije: "Señor, yo pensaba que las cosas en las jaulas eran los trofeos". Jesús dijo: "Mira atentamente". Cuando miré a una parte de la recámara, Jesús dijo: "Te dije que está-bamos en el brazo derecho del infierno. El brazo derecho de Satanás es muy malvado, mientras que mi brazo derecho, al igual que la mano y brazo derechos del Padre, es muy amable".

[**Dios dijo:**] *Con cuerdas humanas los atraje, con cuerdas de amor; y fui para ellos como los que alzan el yugo de sobre su cerviz, y puse delante de ellos la comida.* (Oseas 11:4)

Vi lo que parecía una enorme serpiente pitón; era tan gran-de como un tren, y tenía entre cuarenta y cincuenta kilómetros de longitud. Esta serpiente era verde y amarilla con colores vi-vos. Y estaba viva. Al principio estaba enrollada, pero se des-enroscó y se movió en círculos. A continuación se enrolló de nuevo para obtener su posición original antes de desenroscarse una vez más y hacer un círculo. Grité cuando vi que se abrían grandes puertas en los costados de la serpiente. Conté doce de ellas. Jesús dijo: "Sigue contando". Cuando llegué a quince, Él dijo: "Espera". Había quince puertas abiertas, y cinco más que estaban cerradas. A continuación vi que había muchos casca-beles en la cola de la serpiente. Yo había pensado que era una pitón, pero en realidad era una serpiente de cascabel.

Mientras miraba la serpiente, Jesús dijo: "Hija, mira. Recuerda que el brazo derecho tiene poder. Recuerda el bra-zo derecho; cuando la gente se da la mano, lo hacen con la mano derecha". Vi una puerta abierta, y Jesús dijo: "Vamos a bajar ahí, y vamos a mirar a través de esa puerta". Yo dije: "Oh Jesús, ¿qué es?". Él dijo: "¿Qué decía el letrero? 'Trofeos de Satanás'".

Jesús iluminó el área, y la luz se extendió en un gran círculo. Detrás de la serpiente de cascabel había filas y filas de demonios que sostenían tridentes y otras cosas. Muchos de ellos también tenían cadenas alrededor y sostenían grandes llaves en sus manos. Gritaron y huyeron de la luz del Señor Jesús. El Señor levantó su mano izquierda, y salió fuego que avanzó por la oscuridad, incinerando los demonios; se convirtieron en cenizas ante mis ojos, y de sus restos salía humo. Yo dije: "Oh Jesús, gracias, gracias". Había pequeñas serpientes arrastrándose por allí, pero Jesús las señaló y ellas también fueron incineradas.

Jesús dijo: "Mi Padre me dio el mandamiento de poder hacer esto. Hija, mira, escucha, y aprende. Hay cosas que te he mostrado y que dicho que miles querrían hacer, pero no puedo confiar en ellos. No puedo confiar en algunos de ellos. Ahora mira".

Vi que donde habían estado los demonios había suelo marrón y seco, con muchas grietas. Sin embargo, la serpiente parecía haberse hecho más grande.

Por la Puerta 1

Jesús me explicó: "Vamos a bajar ahí y a pasar por cada puerta. La serpiente no podrá hacer nada". A continuación el Señor habló, y bajamos por una colina muy rocosa. Pasamos a través de la entrada de un gran círculo que se llamaba "Trofeos de Satanás". La Puerta 1 en el costado de la serpiente estaba abierta de par en par. Era por lo menos de tres metros de anchura y tres y medio de altura. Yo pensé: *¿Qué es esto, Señor?* Él dijo: "Mira, escucha, y aprende". (Cuando el Señor trajo a mi memoria esta escena, recordé que años después de que Él me hubiera llevado al infierno, mientras estaba orando durante una reunión de oración, había visto una visión de una serpiente enorme con puertas, parecida a lo que vi aquí).

Pasamos a través de la entrada a una gran habitación, y vi que contenía algunas cosas muy bonitas. Todas las habitaciones a las que entramos después parecían extremadamente grandes, a pesar de que es difícil hacer un cálculo de sus dimensiones. Esta habitación contenía cosas que Satanás había robado a personas para impedir que prosperaran y para causarles desánimo y que dejaran de servir a Dios. Por todos lados había estanterías y más estanterías de cosas preciosas que alguien "rico y famoso" tendría en su casa: adornos, telas de colores preciosos, y ese tipo de cosas.

Me di la vuelta, y Jesús dijo: "Mira por encima de una de estas". Vi muchas barras de oro apiladas, así que pregunté: "¿Qué es esto?". Él dijo: "Los trofeos de Satanás; el dinero que robó de la iglesia". *Madre mía*. Había pilas y pilas de barras, de un valor seguramente de miles de millones de dólares. A continuación miré a la siguiente estantería, donde había muchos libros con portadas doradas y plateadas apilados. Parecían brillar. Yo dije: "¿Qué es esto, Señor?". Él respondió: "El diablo ha tomado las escrituras, la verdad. Ha engañado a muchos en la tierra con falsas enseñanzas, con mentiras. Él ha diluido mi Palabra".

La habitación era como un gran almacén. Jesús me mostró todo tipo de autos caros que Satanás había robado. A continuación me mostró ropa que había sido robada. Y accesorios. Y zapatos. Todo robado. Jesús se detuvo frente a los zapatos y dijo: "¿Qué crees que son estos, Katherine?". "No lo sé, Señor, a menos que me des el entendimiento". Él dijo: "Estos son los 'zapatos' de mi pueblo, de profetas y apóstoles, de evangelistas, de pastores, y de maestros. Han dejado de andar para mí; han dejado de hablar por mí. Se han tumbado y han llorado; se han dado por vencidos. Dile a mi pueblo que no se rinda sino que siga caminando. Que no permita que sus zapatos sean robados por Satanás. Que no permita que Satanás les bloquee y les derribe. Si lo hace, deben levantarse y pelear contra él con mi Palabra. Yo di mi Palabra para poner en libertad a los cautivos".

Había muchas otras estanterías. Una estaba llena de computadoras. Otra contenía dinero que flotaba. Jesús dijo: "Este dinero pertenece a mis santos. Pero en mi nombre, será puesto en libertad; y en mi nombre, volverá arriba a la tierra, y mi Padre responderá desde el cielo. Que la gente que lee este libro entienda: no permita que el diablo robe sus dones". Entonces empecé a comprender acerca de los dones del Espíritu y cómo nos volvemos perezosos cuando Dios nos dice que hagamos algo. No queremos hacerlo, así que lo aplazamos o directamente nos negamos a hacerlo. Día tras día, lo posponemos y no hacemos lo que tenemos que hacer. Yo he sido culpable de eso.

Mirad, pues, con diligencia cómo andéis, no como necios sino como sabios, aprovechando bien el tiempo, porque los días son malos.
(Efesios 5:15–16)

Después Jesús dijo: "Mira dentro de este cuarto". Entendí que Satanás, el viejo dragón, había venido y nos había seducido y engañado. Jesús movió su cabeza y dijo: "Sí, es verdad lo que estás pensando". Le seguí a otra habitación donde había un gran número de espadas del Espíritu. La Palabra estaba ahí. Estaba escrita en una gran espada que estaba suspendida en el aire y llena de fuego.

Jesús dijo: "En el libro de Daniel dice que mi verdad fue echada por tierra.[26] El ángel Gabriel habló con Daniel,[27] y yo te envié a Gabriel a ti, Katherine, hace un año. Le envié a ti, y él te dio algunos secretos. Esto es parte de esos secretos. Mientras abro tu mente para que recuerdes estas cosas, el ángel de revelación está ahí contigo, y el Espíritu Santo".

A continuación Jesús me mostró cosas que contenían las bendiciones de Dios para el cuerpo de la gente. Satanás las había robado con mentiras, engaños y seducción. El Señor dijo: "Sí, hay demonios poderosos ahí fuera. Cuando la gente está en pecado, él les seduce. Ellos aman la carne; aman agradarla. Hacen las cosas que no deberían hacer porque la maldad está en ellos. La maldad está en sus corazones y en sus mentes, y necesitan arrepentirse y volverse a mí, el Señor Jesucristo. Hija, esta habitación es muy, muy importante, y te traeré de nuevo porque hay más cosas que quiero enseñarte aquí".

Mientras estaba escribiendo las revelaciones para este libro, el Señor me preguntó: "¿Recuerdas los demonios que estaban de pie en el área circular? Yo los destruí porque eran 'hombres fuertes'[28], fortalezas que gobernaban sobre estas cosas. Dile a la gente que las armas más poderosas son mi Palabra, el poderoso nombre de Jesucristo, el Espíritu Santo, el fuego de Dios, la presencia de Dios y la unción de Dios. Despierta, iglesia, despierta. Despierta al gigante que está dormido en la tierra".

---

26. Véase Daniel 8:12.
27. Véase Daniel 8:15–27; 9:20–27.
28. Véase Mateo 12:29; Marcos 3:27; Lucas 11:21–22.

Por la Puerta 2

Como escribí anteriormente, había quince puertas abiertas en los costados de la serpiente, y dentro de cada puerta había algo que el diablo había robado de la tierra. Habíamos terminado de ver la habitación que estaba tras la Puerta 1, y caminé junto con Jesús a través de la abertura de la Puerta 2. Entramos a una zona masiva, como de trescientos kilómetros a la redonda. No lo entiendo todo, pero contenía montañas de dinero de todo tipo de divisas, ordenadamente apiladas. Yo creo que representaba el dinero desde el principio del tiempo hasta ahora. Había varios tipos de divisas de toda la tierra, y encima del dinero de cada nación había algo escrito que no entendía. Yo pensé: *Oh Dios mío, este es el dinero que Satanás y sus demonios han robado de la tierra.* "Sí", dijo Jesús, "y quieren construir su propio reino. Están intentando intensamente gobernar las naciones y tomar el dinero a través de todo tipo de engaños. Pero en este día, yo lo destruyo, hija; destruyo sus planes. Destruyo estos poderes malignos con mi fuego. Este fuego no dañará a los humanos, pero realmente romperá las cadenas de los humanos. Y este fuego del Espíritu Santo, el fuego de la verdad y la justicia, tiene mucho poder. Está vivo, porque recuerda que en el día de Pentecostés, cuando el fuego vino, se posó en las cabezas de los discípulos como lenguas de fuego. Estaba vivo; se podía tocar. Despierta, iglesia, y lee acerca de mi fuego; estudia mi fuego consumidor. ¡Usa mi Palabra!".

Así que, recibiendo nosotros un reino inconmovible, tengamos gratitud, y mediante ella sirvamos a Dios agradándole con temor y

reverencia; porque nuestro Dios es fuego con-
sumidor. **(Hebreos 12:28–29)**

Yo miré, escuché, y aprendí. "¿Qué significa exactamente este dinero de todas las naciones?", pregunté. Jesús respondió: "Cuando mi Padre expulsó al enemigo del cielo, y junto con él a todos sus ángeles que están envueltos en cadenas eternas aquí, en medio del infierno, él comenzó a pensar en formas para destruir al pueblo de Dios y vengarse de Dios. Esto es la guerra, hija mía, guerra entre el bien y el mal. Y yo, Jesucristo, el hijo de Dios, Emmanuel, Yeshúa, y otros nombres que tengo, era la llave. Yo era la llave y el secreto que Dios estaba usando para devolver la esperanza a la gente, para traer de nuevo vida a mi Palabra".

Grandes lágrimas caían de los ojos de Jesús, y Él dijo: "Sí, mi Palabra dice que haré prosperar a mi pueblo. Mi Palabra dice que les daré naciones enteras para que las salven. Mi Palabra dice que yo les bendeciré como lo hice con Abraham, como lo hice con Jacob, y como lo hice con David. Espero que el mundo entienda lo que estoy intentando decir. Es tiempo de ser santos. Es tiempo de sacar la basura de su corazón, su mente, su alma y su espíritu. Mi Palabra dice: 'Ama al Señor tu Dios con todo tu corazón, con toda tu mente, con toda tu alma, y con todas sus fuerzas.'[29]

"Para conseguir parte de este dinero, el diablo engañó a la gente. Ellos eran mi pueblo, salvos y sirviéndome, pero él les sedujo con la avaricia. Él les sedujo con la avaricia para mentir, engañar, y robar con los dones de Dios. Esto se ve reflejado también en el libro de Corintios".

---

29. Véase, por ejemplo, Deuteronomio 6:5; Marcos 12:30.

Estaba asombrada mientras escuchaba la explicación que mi Rey hacía de la Puerta 2. "Hay niños que no tienen comida y están muriendo. Muchos ancianos y también jóvenes no tienen suficiente dinero para pagar sus facturas, su renta, o cualquier cosa, así que se vuelven a la maldad. Pero yo digo que si hablan mi Palabra, la prosperidad regresará. Yo quiero dar a mi pueblo bendición tras bendición. Dile a la tierra que se arrepienta, y despierta al gigante. Dile a la tierra que se arrepienta, hija mía; haz sonar la trompeta en Sion. Dile a mi pueblo lo que han hecho mal. Dile a mi pueblo los pecados que tienen".

Mientras salíamos de la habitación donde estaba todo el dinero, Jesús dijo: "Quiero devolver eso a mi pueblo".

[Jesús dijo]: *No os afanéis, pues, diciendo: ¿Qué comeremos, o qué beberemos, o qué vestiremos? Porque los gentiles buscan todas estas cosas; pero vuestro Padre celestial sabe que tenéis necesidad de todas estas cosas. Mas buscad primeramente el reino de Dios y su justicia, y todas estas cosas os serán añadidas.*

(Mateo 6:31–33)

Despierte y busque a Dios

Debemos escuchar lo que Jesús está diciendo. Debemos creerle a Él y levantarnos. Hay tiempos en que paso por muchas batallas, pero me aferro a la Palabra de Dios. He visto su Palabra en acción. Muchas veces, cuando estoy orando, veo ángeles que abren un gran libro, la Santa Palabra de Dios, y golpean fuertemente con él el rostro de esa serpiente, ese dragón, y a sus demonios, tan fuerte que se caen y huyen. La Palabra es un muro de protección. Adicionalmente, Jesús nos dio su sangre y su nombre para que nos sirvan de protección. Él es Señor de todo.

Despertemos y busquemos a Dios. Leamos y entendamos su Palabra. Es tiempo de que el ejército de Dios se levante. Él es el Dios viviente. No está hecho de piedra o madera. (Véase, por ejemplo, Daniel 5:23). Jesucristo dio su vida por usted y por mí para que recibamos vida eterna y estemos con Él para siempre. Escuche la Palabra del Señor, porque Jesucristo es Señor de todo.

Reclamando las llaves y los dones de Dios:

Dios quiere devolver a su pueblo la provisión financiera y otras bendiciones, pero debemos asegurarnos de que nuestras prioridades son las correctas y de que estamos obedeciendo la Palabra de Dios. ¿Hay un pecado específico o alguna transgresión de la cual se debe arrepentir? Si es así, apártese de ella y pídale a Dios que le perdone. ¿Está usando algunos de sus recursos actuales para ayudar a aquellos menos afortunados? Si no, comience a hacer lo que pueda para ayudar a quienes tienen necesidad.

11

Toque de trompeta en Sion

Por la Puerta 3

Jesús y yo habíamos entrado por las Puertas 1 y 2 del costado de la serpiente, y después entramos por la Puerta 3. De inmediato, olí un hedor muy fuerte, y comencé a dolerme y a llorar. Las lágrimas también brotaron de los ojos de Jesús. Después Él iluminó el lugar, y vi montones y montones de pequeños ataúdes. Eran los féretros de bebés que habían muerto por los engaños de Satanás. También había una mesa de sangre, la mesa de un abortista, me dijo Jesús.

Vi algo como una línea de tiempo, con años y fechas iluminadas en el aire en un círculo. Las fechas se remontaban en el tiempo muy rápidamente. También oí los llantos de recién nacidos, y dije: "Padre, esto es horrible". Jesús respondió: "Sí, hija, esto es verdaderamente horrible. Satanás ha robado muchas vidas. Estos son sus trofeos. Él los tiene anotados; intenta copiar a Dios. Satanás quiso poner estos miles de pequeñas cajas y miles de pequeños ataúdes aquí como símbolos de lo que ha hecho. Pero los bebés no están aquí en el infierno. Mira atentamente; no hay vapor ni humo dentro de sus pequeños cuerpos". Y así era, no había almas dentro de los pequeños esqueletos que había en las cajas y los ataúdes.

Jesús enfatizó: "Quiero que el mundo sepa que no hay ningún bebé en el infierno. Si alguien te ha dicho que había, lo que vieron y sobre lo cual escribieron era una ilusión. No era la verdad".

Yo pensé: *Esta sala es como una ilusión de estos pequeños bebés apilados aquí por miles y miles sin número.* Y el número de ataúdes parecía aumentar. Comencé a pensar que estos eran verdaderamente los trofeos de Satanás, por los que había seducido y engañado a la gente. Jesús me dijo: "Sí, esta sala es una ilusión de lo que Satanás ha hecho con los que no llegaron a nacer y con los recién nacidos. Es una ilusión".

Después Jesús habló, y todo dentro de la Puerta 3 desapareció por un momento antes de volver a aparecer. Él dijo: "Quiero que el mundo entienda que Satanás ha hecho esto. Por eso te enseño esta sala dentro de esta serpiente. Estoy intentando decirle a la tierra todas estas cosas y advertirles de los poderes seductores de Satanás. Ámenme, confíen en mí. Quiero devolverles la esperanza. A lo largo de todo el infierno, las personas que hicieron estas cosas malvadas están ardiendo y gritando. Muchas personas abortaron y nunca se arrepintieron, y están ardiendo en el infierno aquí esta noche. Por favor, tierra, despierta; despierta".

Miré a mi alrededor a los innumerables ataúdes. El Señor dijo: "Esto es una revelación de Dios para decirle al mundo que desde la concepción, un bebé tiene un alma eterna que es preciosa para Dios; esa alma está viva. Y si alguien deliberadamente y voluntariamente aborta ese niño, es un gran pecado; es el pecado de asesinato. Deben entender que este pecado acarrea el juicio de Dios. La sangre de los bebés abortados está clamando a Él desde la tierra".[30]

---

30. Véase Génesis 4:8–10.

Porque tú formaste mis entrañas; tú me hiciste en el vientre de mi madre. Te alabaré; porque formidables, maravillosas son tus obras; estoy maravillado, y mi alma lo sabe muy bien. No fue encubierto de ti mi cuerpo, bien que en oculto fui formado, y entretejido en lo más profundo de la tierra. Mi embrión vieron tus ojos, y en tu libro estaban escritas todas aquellas cosas que fueron luego formadas, sin faltar una de ellas. **(Salmo 139:13–16)**

Jesús dijo: "Si es cuestión de vida y muerte para la madre, entonces ella decide. Pero Satanás ha engañado a muchas personas para que piensen que su mejor opción es deshacerse de su bebé aún no nacido porque no podrán cuidar del niño, o no podrán darle al niño una buena vida, o que el niño será una interrupción en sus propias vidas. Están siendo engañados.

"Todos estos pequeños que fueron asesinados están en el cielo. Dios los ha completado, y ahora están completos. Tenían el propósito de ser una bendición para la gente, pero en cambio la gente los mató. Oh, la gran fuerza de la tentación, la gran fuerza del engaño, cuando una mujer está ahí trabajando y cansada, y soltera, y se enamora de un hombre, y tienen una relación de lo que ellos llaman amor. Y ella termina embarazada, pero él no quiere al bebé ni ella tampoco, y entonces van y abortan. Una y otra vez, esto sucede en toda la tierra. Quiero que las jovencitas me oigan. No aborten. Yo les abriré un camino a ustedes y sus bebés. Oigan lo que el Espíritu del Señor está diciendo al mundo. ¡Oigan, oigan, despierten!

"Si alguien ha tenido un aborto, y se arrepiente, Dios le perdonará. Que clame a mí y me pida que le limpie con mi sangre. Y yo lo haré".

Tenemos que llevar la enseñanza de la Palabra de Dios a las mujeres jóvenes que están pensando en tener un aborto. Si esta es su situación, Jesús quiere darle esperanza. Él no quiere que se haga daño a sí misma o a su bebé aún no nacido. Lea la Palabra de Dios. Dios es santo. Él es puro. Él le ama, y abrirá un camino para usted. Él le perdonará si ha tenido un aborto. Él está lleno de gracia y misericordia.

Clemente y misericordioso es Jehová, lento para la ira, y grande en misericordia. Bueno es Jehová para con todos, y sus misericordias sobre todas sus obras. (Salmo 145:8–9)

Por la puerta 4

Salimos de ese lugar y fuimos a la Puerta 4. Me preguntaba qué vería dentro de esa abertura porque Jesús estaba llorando de nuevo. Las paredes interiores eran como una gran pantalla de cine, reflejando las cosas malas que Satanás había hecho desde el comienzo de los tiempos hasta el presente. Era como un mural rotatorio. Mostraba, por ejemplo, demonios atormentando a personas con alcohol y drogas. Pero después reflejó a los ángeles de Dios viniendo para liberarlos; muchas de las personas fueron liberadas, y los demonios fueron destruidos. Jesús dijo: "Satanás intenta copiar a Dios, pero él es malvado. Yo vengo para dar vida y darla en abundancia. Satanás viene para robar, matar y destruir".[31]

31. Véase Juan 10:10.

Parecía que habíamos estado ahí horas viendo esas imágenes de las muchas cosas malas que habían ocurrido durante los años, incluyendo el Holocausto y varias guerras. Jesús dijo: "Hija mía, yo vine para traer paz a la tierra, pero en los últimos años han diluido mi evangelio, para que la gente no tenga la fuerza para luchar o la fuerza para aguantar firmes. Muchas personas se están salvando en esta hora, sí, es cierto, pero el conocimiento está aumentando en la tierra".

[El ángel le dijo al profeta Daniel]: *"En aquel tiempo se levantará Miguel, el gran príncipe que está de parte de los hijos de tu pueblo; y será tiempo de angustia, cual nunca fue desde que hubo gente hasta entonces; pero en aquel tiempo será libertado tu pueblo, todos los que se hallen escritos en el libro. Y muchos de los que duermen en el polvo de la tierra serán despertados, unos para vida eterna, y otros para vergüenza y confusión perpetua. Los entendidos resplandecerán como el resplandor del firmamento; y los que enseñan la justicia a la multitud, como las estrellas a perpetua eternidad. Pero tú, Daniel, cierra las palabras y sella el libro hasta el tiempo del fin. Muchos correrán de aquí para allá, y la ciencia se aumentará".* **(Daniel 12:1–4)**

Vi muchos eventos malvados en las paredes de esa sala. Vi a Satanás en su propio trono, riéndose de cómo había matado a miles de personas con terremotos. Y Jesús dijo: "Mi pacto sigue en vigor para mi pueblo. Aunque caigan, yo envío ángeles para levantarlos, y lo hago por mi Espíritu. Los envío, hija mía, para atar a Satanás. Envío mi Palabra poderosa. Mira, puedo ver muchos ángeles luchando por los santos de Dios y por niños". Fue muy hermoso ver la gloria entrar y la sangre de Jesús aparecer. Y Satanás se enfurecía mucho.

El Holocausto fue horrible. Mientras veía esas escenas, gritaba: "Oh, Dios mío". Las lágrimas corrían por el rostro de Jesús, y dijo: "Hija mía, esto también es una visión en el infierno para que entiendas que hay asesinos, violadores y todo tipo de personas malvadas en esta tierra. Quiero que mi pueblo se arrepienta, y tales cosas desaparecerán". Después vi una escena en la que los grilletes se caían de las personas. Habían estado atadas, pero las cadenas se derritieron.

Pero vi otros horrores inconcebibles, y pensé: *Oh, Dios mío, esto es horrible. No puedo soportarlo más.* Jesús se volvió hacia mí y dijo: "Debes. Tienes que ver estas cosas para contárselas a la gente de la tierra, para avisarles de que les amo, que he enviado mi poder y mi presencia, que quiero que me entreguen todo, no solo parte de ellos, sino todo, para que tengan la unción y el poder para liberar a sus familias". Y entonces vi una escena de una madre llorando y sus bebés, y el poder de Dios vino y los lavó y los limpió con la sangre de Jesús. La vida vino sobre ellos, y comenzaron a recibir provisión y otras cosas buenas.

Entendí que debemos darle todo a Jesús. Sí, aún vamos a tener problemas; debemos reconocer eso, pero Jesús está intentando decirnos: "Vuelvan, regresen a Dios, todos los que se han apartado; regresen al Rey de reyes y Señor de señores. Detengan su egoísmo y su infidelidad; paren a los asesino y a los violadores". Me caí al suelo y lloré. Jesús amablemente me levantó y dijo: "Haz sonar esa trompeta, hija mía; sopla fuerte con mi amor".

Tenemos autoridad sobre Satanás en el nombre de Jesús

En el capítulo 14 regresaremos a las puertas abiertas en los costados de la serpiente y veremos los trofeos de Satanás en las salas conectadas con las Puertas 5, 6 y 7. Los "trofeos" detrás de todas las puertas en los costados de la serpiente representan la maldad que el diablo ha provocado en la tierra para impedir que los cristianos se levanten como un gran ejército para derrotarle. Satanás ha abusado de nosotros con poderosas seducciones, pero debemos entender que tenemos la autoridad en el nombre de Jesús para reprenderle. Jesús es verdaderamente Señor de todo. El Padre le ha dado todo el poder en el cielo, en la tierra y debajo de la tierra. (Véase Mateo 28:18).

Reclamando las llaves y los dones de Dios:

Jesús quiere que le entreguemos todo a Él: nuestro corazón, nuestra alma, nuestra mente, nuestra fuerza, cada aspecto de nuestra vida. Cuando rendimos todo a Jesús y estamos buscando continuamente sus propósitos, podemos vivir según su poder y unción. Entonces seremos capaces de liberar a los miembros de nuestra familia y a otros del agarre de Satanás. ¿Le ha dado usted todo a Jesús? ¿Hay algo que quizá aún no le ha entregado?

12

La seducción de Satanás a la iglesia

"Una protección para mi pueblo"

En este capítulo quiero hablar más acerca del castigo del infierno y de cómo Satanás ha seducido a la gente para que se aleje de Dios. Una vez, Jesús y yo estábamos caminando por el infierno cuando el Señor alzó su brazo en la oscuridad, como había hecho antes muchas veces, para que a nuestro alrededor se viera con un poco más de claridad. Yo estaba de pie asombrada mientras miraba. Estábamos en un lugar donde había miles y miles de esqueletos apilados en el suelo. Estaban gritando: "Ayúdanos; ayúdanos". Yo miré a Jesús y dije: "¿Qué es esto?". Él respondió: "Estos son los que se tumbaron y murieron por el diablo. Entregaron su corazón y su alma al diablo". Yo dije: "Oh, Dios mío. Oh, mi Jesús".

Yo miraba fijamente a esas almas innumerables. Estaban rodeadas de demonios de aproximadamente un metro de alto que se reían. Jesús alzó su brazo, salió fuego y todos esos demonios fueron reducidos a cenizas. El Señor dijo respecto a los esqueletos: "Muchas personas están en ocultismo, brujería y todo tipo de adoración al diablo. Este es su destino si no se arrepienten. Yo les llamo hoy a arrepentirse. Arrepiéntanse y vuélvanse a mí".

Uno de los cadáveres gritó: "Yo fui un gran vudú cuando era hombre, y engañé y maté a muchos y realicé muchos conjuros sobre la gente. Pero cuando morí y vine aquí, Satanás se rió y dijo: 'Este es tu reino'. Y todos los esqueletos dijeron: "¡Ay de nosotros! ¿Por qué hicimos cosas malas? Fuimos muy malos". Entonces oí a uno de los esqueletos jurar y blasfemar.

Lloré durante un largo rato, aunque sin lágrimas. Pero las lágrimas corrían por el rostro de Jesús. Él dijo: "Humanidad, humanidad arrepiéntete. Arrepiéntete, arrepiéntete. Arrepiéntete de tu maldad, de tu vudú, de tu magia negra contra los inocentes, porque yo seré una protección para mi pueblo y una gloria en medio de ellos. Y mi gloria regresará a la tierra.[32] Apártate de tu maldad, pueblo malvado que hace brujería y vudú. Arrepiéntete, arrepiéntete en mi nombre, y te salvaré. A todo aquel que clame al Señor, yo le salvaré".[33]

Que si confesares con tu boca que Jesús es el Señor, y creyeres en tu corazón que Dios le levantó de los muertos, serás salvo. Porque con el corazón se cree para justicia, pero con la boca se confiesa para salvación. Pues la Escritura dice: Todo aquel que en él creyere, no será avergonzado. Porque no hay diferencia entre

32. Véase Zacarías 2:5.
33. Véase Joel 2:32; Hechos 2:21; Romanos 10:13.

judío y griego, pues el mismo que es Señor de todos, es rico para con todos los que le invocan; porque todo aquel que invocare el nombre del Señor, será salvo. **(Romanos 10:9–13)**

Después de ver a todos estos esqueletos apilados y oír lo que decían, pensé: *Oh Dios mío, esto es horrible. No lo aguanto más.* Así que salimos de ese lugar, y Jesús me llevó a casa.

Una vista panorámica del juicio en el infierno

La noche siguiente, Jesús y yo estábamos de nuevo caminando por el infierno viendo almas ardiendo, gritando y demonios riéndose. Pasábamos junto a muchas cosas que yo había visto antes, como hoyos de fuego hirviendo embravecido, y una abertura en la tierra en la que los esqueletos y objetos negros caían. Parecía como si estuviera viendo una vista panorámica del infierno. Dondequiera que miraba, había almas siendo atormentadas. Muchos estaban vestidos de fuego. Había carne en sus esqueletos por un momento antes de que se derritiera como lava caliente y chorreara hasta sus pies. Sus huesos se secaban, y gusanos salían de ellos. Gritaban y crujían los dientes, y lloraban porque querían desesperadamente salir del infierno. A mi alrededor se podía oír una multitud de voces maldiciendo, blasfemando y gritando palabras que había oído muchas veces durante mis recorridos por el infierno: "¿Por qué no me avisó nadie? ¿Por qué no me habló nadie del infierno y me dio la oportunidad de arrepentirme?".

Las voces de los muertos parecían ser cada vez más y más altas, así que le pregunté a Jesús por ello, y Él dijo: "Yo quería que tú lo oyeras. Cada raza y cada nación está aquí. Pero", volvió a enfatizar Él, "no hay ningún bebé ni niño en el infierno". Después dijo: "Mira, escucha y aprende".

Mientras tenía esa visión panorámica del infierno, la cual parecía ser de cientos de kilómetros de anchura, también era como si yo pudiera ver donde las almas estaban siendo atormentadas, o donde las almas estaban recibiendo juicio sobre ellas. Yo pensé: *El juicio lo llevan a cabo los demonios de todas las formas posibles y horribles para atormentar a estas almas perdidas, porque estas personas tienen la sensación de que tienen un cuerpo físico, y que Dios ha echado tanto su cuerpo como su alma en el infierno.* (Véase Mateo 10:28).

El infierno se ha ensanchado

Jesús dijo: "Vamos a un lugar donde oirás voces; los muertos hablan en el infierno". Cuando fuimos a ese lugar, no podía ver a los esqueletos pero podía oírlos. La voz de un hombre dijo: "Yo fui un asesino en serie en la tierra". Después le gritó a otro esqueleto: "¿Tú qué hiciste?". El segundo dijo: "Yo maté bebés y oigo las voces de esos bebés atormentándome en el infierno". De repente, oí gritos, y vi demonios saliendo y transformándose en forma de bebés que se lamentaban. Después, estas formas fabricadas ardían y desaparecían, y los demonios volvían a aparecer.

Yo pensé: *Dios mío, esto es una ilusión, ¿verdad?* Jesús respondió: "Sí. El diablo quiere que las personas aborten a sus hijos, que maten a gente, que asesinen, que roben, que tomen drogas y alcohol. Escucha algunas de sus conversaciones".

Oí a otro hombre decir: "Bueno, yo era alcohólico, y mi esposa no dejaba de decirme que me arrepintiera y pidiera ayuda, pero yo no lo hice. Cada vez era más malo con ella y bebía más y más hasta que me destrocé el hígado. Entonces morí y vine aquí. Nunca me arrepentí, pero oí que Jesús era la verdad, y yo conocía el camino".

Después de esto, oí la voz de otro hombre diciendo: "Sí, yo era traficante de drogas y alcohólico. Vendía drogas, y comencé a consumir drogas duras y morí de una sobredosis. Y aquí estoy hoy, ardiendo y gritando hasta el día del juicio ante el gran trono blanco de Dios. Oh, cómo duele, y cómo quema. Y aún tengo los mismos pensamientos y sentimientos por las drogas que tenía en la tierra. Anhelo las drogas, y el deseo nunca se aparta de mí". Después gritó: "Ayúdame, ayúdame, Dios".

Después oí a un hombre gimiendo. Este hombre había sido el líder de una pandilla, y había tenido una muerte horrible entre las pandillas. Oí la voz de otra alma gritando: "¿Cuándo terminará esto? Sufro día y noche sin descanso. No hay día aquí, tan solo noche. Pero sé que había un día y una noche cuando estaba en la tierra. Oh, ¿cuándo terminará esto?".

La voz de una mujer dijo: "Yo fui prostituta. Me pagaban mucho dinero. Cuando morí, vine aquí, y también sufro. ¿No me puede ayudar nadie? ¿Por qué no me contó esto alguien en la tierra? Oí un poco acerca de Dios, pero nunca me interesó. Yo soy la mala". Miré a Jesús y dije: "Estas son las voces de los muertos; los muertos hablan en el infierno". Él dijo: "Sí, lo hacen, y algunos aún intentan justificar su maldad. Estas son las almas de los perversos".

Otra voz dijo: "Yo tuve sexo con un animal, y morí en pecado y vine aquí". Otro habló el lenguaje de una nación distinta, pero entendí lo que estaba diciendo: "Me pagaban por matar personas. Puse bombas en trenes y aviones, y por eso estoy aquí".

Todas estas voces de los muertos hablaban de las maldades que habían cometido en la tierra. Mientras veía toda esta actividad y oía todas estas voces, pensaba: *Es cierto que el mundo necesita ser consciente de lo que ocurre aquí abajo, porque el infierno se ha ensanchado para dar cabida a las almas de los perversos.* (Véase Isaías 5:14). Miré a Jesús, y Él sabía lo que yo estaba pensando. El Señor me dijo: "Hija, haz sonar tu trompeta en Sion. Anuncia a mi pueblo su transgresión, y a la casa de Jacob sus pecados".

Clama a voz en cuello, no te detengas; alza tu voz como trompeta, y anuncia a mi pueblo su rebelión, y a la casa de Jacob su pecado.

(Isaías 58:1)

Los poderes demoniacos infiltrándose en la iglesia

Después Jesús dijo: "Vamos, voy a enseñarte algo más", y avanzamos a la siguiente área. Jesús hizo que brillara la luz, y quemó a los demonios con su fuego. Cualquier demonio al que no tocó el fuego, gritaba y huía. Llegamos a una gran abertura, la cual creía yo que aún estaba en el brazo derecho del infierno, y había una sección malvada en ella, era como una piscina de arenas movedizas y fango con fuego. Los demonios llegaban, y guiaban a los esqueletos por centenares con cadenas negras alrededor de ellos. Las almas gritaban:

"Oh Dios mío, no sabía que el infierno era real. Me burlé. Fui ateo. Me reía. Oh Dios mío, esto es real; esto es real".

Después vi a un demonio que sostenía una placa con nombres escritos en ella. Este demonio era muy grande y con hombros anchos, y tenía colmillos, unas uñas largas muy sucias y unos pies grandes palmeados. Los demonios se reían y decían: "Los sedujimos. Los sedujimos". Yo estaba muy triste por ver esto. Se pronunciaba el nombre de un alma, y los demonios la desataban, la llevaban al demonio con la placa, y decían: "Este es tu tormento; este es tu siervo. Serviste al diablo bien en la tierra, pero en el infierno serás atormentado. Satanás ganará a Dios".

Yo grité: "No, Señor, no. ¿Qué han hecho estos, Señor Jesús? ¿Qué pecado de la carne han cometido?". Jesús dijo: "Hija, escucha las voces de los muertos". Había filas y filas de estos esqueletos atados entre sí, uno tras otro, con cadenas negras. Les oí decir: "Oh, ¿podemos salir de aquí? ¿Hay alguna esperanza? ¿Por qué no escuchamos el evangelio de Jesucristo? ¿Por qué luchamos contra el Rey que nos hubiera salvado de este lugar? Ay de nosotros, porque nuestra herida es lastimosa. Ay de nosotros". Miles comenzaron a decir esas palabras y a llorar, mientras otros blasfemaban contra Dios, aunque estaban en el infierno.

Los demonios les dijeron a estas almas: "Ningún hombre se preocupa por sus almas. Este es su tormento; este es su juicio". Oí gritar a dos demonios, en sucesión: "Oh fuego, arde con más furor; el fuego arde con más furor en este agujero de arenas movedizas para albergar a más almas que han sido seducidas por nuestro rey, el diablo; y nosotros le ayudamos a engañarlos".

Jesús dijo: "Voy a enseñarte una visión en medio de esta revelación". La visión era de un hombre al que habían llevado ante un gran demonio. En la visión, el hombre estaba en la tierra, y era un predicador de la Palabra de Dios. Jesús no dijo nada más; la visión lo dijo todo. Vi una bonita iglesia. No conozco el nombre del predicador ni el nombre de su iglesia. Tan solo vi el interior de una iglesia grande y bonita. Había una buena música, y la gente estaba alabando a Dios.

El demonio disfrutaba mirando esta visión; de hecho, se estaba riendo. Entonces vi seres con túnicas negras infiltrándose en la iglesia. Llegaban, se sentaban, y se transformaban en algo parecido a feligreses; entonces sus túnicas negras regresaban a ellos. Eran demonios, pero parecían estar en forma de hombres y mujeres. Después de esto, vi a la iglesia invitándoles a ayudar en el ministerio: a trabajar en la oficina, a ayudar con la ofrenda y otras cosas. Los cristianos eran engañados fácilmente.

Después hubo un lapso de tiempo de unos cinco años. La iglesia estaba casi vacía, y había oscuridad por toda ella. Yo miré fuera del edificio de la iglesia, y el estacionamiento estaba agrietado y descuidado, y encima de la puerta estaba escrita la palabra *Icabod*. (Véase 1 Samuel 4:19–21).

Yo dije: "Dios mío, ¿qué es esto?". Jesús respondió: "El Espíritu del Señor se ha ido de esa iglesia. Cuando esos poderes malignos entraron, entró la oscuridad, y las túnicas negras se convirtieron en personas, llegaron como espíritus seductores para seducir a la iglesia, para acabar con ella. Mi pueblo se muere por falta de conocimiento.[34] Tienen que entender que conocen al Espíritu de Dios. Y cuando sienten esta maldad alrededor de la gente, tienen que orar. Tienen que ir a su

---

34. Véase Oseas 4:6.

pastor y hablarle acerca de ello; no deben volverse paranoicos sino conocer y entender al Espíritu del Dios viviente". Pensé en el pasado en una vez que había hablado en cierta iglesia que estaba prosperando. Había visto poderes malignos sentarse entre la audiencia, pero no entendí lo que eran en ese entonces. Dios aún no me había dado el conocimiento. Pero unos años después, esa iglesia ya no existía.

Jesús nos está diciendo que si no oramos por la protección de nuestros creyentes y nos esforzamos por los que necesitan ser salvos, habrá pocos nuevos nacimientos espirituales. Satanás no quiere que intercedamos así, porque desea impedir que la gente llegue a un conocimiento de la verdad en Jesucristo. Una vez participaba en una reunión de oración de una iglesia en la que una mujer estaba pidiendo fervientemente porque almas fueran salvas, y vi a otra mujer acercarse e imponer una mano sobre el estómago de la primera mujer, mientras hablaba en una lengua extraña; esto hizo que la oración de la mujer terminase repentinamente. La primera mujer se levantó y gritó, diciendo: "Has detenido mi oración". Yo sabía que la segunda mujer estaba asociada con el diablo, y resultó que era una bruja en activo. Algunos de los trabajadores de Satanás están infiltrándose deliberadamente en nuestras iglesias. El diablo usa a personas así para intentar detener nuestra oración a Dios. Debemos luchar contra el enemigo para que nuestras oraciones puedan llegar al Señor por nosotros y por el resto de su pueblo.

[El Señor dijo] y busqué entre ellos hombre que hiciese vallado y que se pusiese en la brecha delante de mí, a favor de la tierra, para

> *que yo no la destruyese; y no lo hallé.*
>
> **(Ezequiel 22:30)**

Le dije a Jesús: "Oh Dios mío, esto es horrible". Entonces Cristo dijo, hablando de la iglesia (todos los creyentes del mundo, hombres y mujeres, niños y niñas): "Levántate, oh novia; mi novia, sal de esta suciedad, sal de esto. Novia de Cristo, levántate".

Ejerciten discernimiento y entendimiento

Mientras miraba la visión de la iglesia de la que el Espíritu del Señor se había ido, los muertos en el infierno comenzaron a gritar y hablar de nuevo. Yo dije: "Oh Dios, ¿quieres decir que todos los que están aquí de pie con cadenas van a ser lanzados en esas arenas movedizas porque fueron engañados y seducidos por el diablo y lo disfrutaron?". Él dijo: "Yo soy Dios. Salvaré a mis elegidos y a mis justos de este lugar. Yo sé cómo darles poder para vencer la tentación. Tú haz sonar la trompeta sobre ellos y que busquen mi Palabra. Es el tiempo de levantarse de un gran sueño y oír lo que el Espíritu del Señor está diciendo a las iglesias. Arrepiéntete, arrepiéntete".

> *Así que, el que piensa estar firme, mire que no caiga No os ha sobrevenido ninguna tentación que no sea humana; pero fiel es Dios, que no os dejará ser tentados más de lo que podéis resistir, sino que dará también juntamente*

con la tentación la salida, para que podáis soportar. **(1 Corintios 10:12–13)**

El Señor continuó: "Cuiden de mi rebaño, ustedes líderes. Les he dado discernimiento y entendimiento. Oren con su esposa o su esposo. Ustedes no están solos. No se dejen engañar, dice el Señor, cuando saben en su corazón que las cosas no están bien y que alguien está intentando destruirles. Satanás es muy astuto y sabio. Engaña a muchas personas. Así que entiendan que yo vine para dar vida, amor, felicidad y gozo. Ayuden a los pobres, alimenten a los niños, hagan obra de evangelista, prediquen mi Palabra. Porque tengo muchas iglesias buenas en la tierra, y muchos grandes pastores y líderes. Ellos cuidan de los indigentes y de las viudas".

Yo dije: "Jesús, tengo mucho miedo de no contar esto tal y como tú quieres". Él me contestó: "Hija, tienes al Espíritu Santo, y el Espíritu Santo es tu líder y tu maestro, el que trae todas las cosas a tu memoria".

Miré abajo al demonio que tenía la placa de nombres y le vi tomar ese esqueleto cuya iglesia yo había visto en la visión y lanzarlo en el fuego hirviendo y enfurecido y en las arenas movedizas. Entonces mis ojos fueron abiertos para ver mejor este lugar, y había al menos veinte más de estos agujeros de arenas movedizas, y unos veinte demonios más y muchos más esqueletos gritando y llorando. Yo dije: "Oh Dios mío". Jesús dijo: "Ven y ve".

Fuimos caminando a otra zona de arenas movedizas donde los demonios estaban haciendo lo mismo con un grupo distinto de esqueletos encadenados. Estas almas eran algunos líderes que se habían apartado y que habían dejado atrás la cruz en lugar de levantarla y seguir a Jesús. Algunos habían recibido un gran llamado, pero habían dejado ese llamado, diciendo que era demasiado difícil. (Sé que cumplir el llamado de uno a veces es muy difícil). Y después había otros que habían recibido dones musicales. A mí me parecía que su situación estaba relacionada con algunos de los que estaban en las jaulas de cristal que había visto con los instrumentos musicales y las partituras. Habían dejado de usar sus dones, y Satanás había robado esos dones y había puesto atadura tras atadura en la gente, y no confiaban en el Señor.

Jesús dijo: "Tengo muchos que me han obedecido y han cumplido mi mandato en la tierra. Quiero que el mundo sepa, aquellos a quienes les he dado llamados y bendiciones y grandes dones, que sus dones son muy importantes para el cuerpo de Cristo. ¿Cómo se levantará la novia si ustedes no usan sus dones para liberar a los cautivos? Yo les di el poder en mi nombre para liberar a los cautivos. Eso significa reprender al diablo, echar fuera espíritus malignos, sanar a los enfermos, resucitar a los muertos. Despierta, despierta, novia mía. Katherine, despiértalos".

Nuestro tiempo en el infierno se terminó por esa noche. Pero mientras Cristo hablaba, yo pensaba que lo que estaba diciendo resumía uno de los principales propósitos de mi viaje al infierno, el cual es también el principal propósito de este libro. Era enseñarnos que según pasa el tiempo, algunas personas cambian; caen y transigen con la Palabra de Dios, y finalmente terminan en el infierno. Se nos está advirtiendo para que no seamos descuidados, infieles o duros de corazón de tal forma que no experimentemos la misma suerte.

Estas revelaciones son para hoy. Dios nos está mostrando cómo acaba la gente en el infierno porque desean las obras de la carne más que obedecer los mandamientos de Dios.

Reclamar las llaves y dones de Dios:

Después de leer el siguiente pasaje de las Escrituras, responda a estas preguntas: ¿De qué formas este pasaje describe una fe genuina? ¿Cuáles son algunas de las cosas que nos hacen comprometer la Palabra de Dios? ¿Cómo podemos mantenernos fieles a la Palabra de Dios?

Por lo cual, desechando toda inmundicia y abundancia de malicia, recibid con mansedumbre la palabra implantada, la cual puede salvar vuestras almas. Pero sed hacedores de la palabra, y no tan solamente oidores, engañándoos a vosotros mismos. Porque si alguno es oidor de la palabra pero no hacedor de ella, éste es semejante al hombre que considera en un espejo su rostro natural. Porque él se considera a sí mismo, y se va, y luego olvida cómo era. Mas el que mira atentamente en la perfecta ley, la de la libertad, y persevera en ella, no siendo oidor olvidadizo, sino hacedor de la obra, éste será bienaventurado en lo que hace. Si alguno se cree religioso entre vosotros, y no refrena su lengua, sino que engaña su corazón, la religión del tal es vana. La religión pura y sin mácula delante de Dios el Padre es esta: Visitar a los huérfanos y a las viudas en sus tribulaciones, y guardarse sin mancha del mundo. (Santiago 1:21–27)

13

Despierta, novia mía

El Señor Jesús de nuevo se me apareció de noche, y estábamos inmediatamente de pie en el infierno. Él estaba asiendo mi mano espiritual, y mi mano sentía la calidez. Miré hacia arriba a mi Rey, y dijo: "Hija, este nuevo libro que estamos haciendo te lo da el Espíritu Santo, el Padre y yo. Este es el que recuperará y despertará a mi novia. Este es el que traerá a muchas almas de toda la tierra. Mi mano está sobre ti, sobre esta obra, y sobre toda tu familia. Todas las cosas se van a ordenar ahora". Observé que Jesús estaba sonriendo por primera vez en mucho tiempo.

Él continuó: "Hija, sé que es difícil para ti caminar entre los muertos y contar estas historias, pero son verdaderas revelaciones dadas por el Dios todopoderoso. Y para los que intenten pensar que esto es brujería, o para los que intenten pensar que 'no tiene sentido', yo les digo: 'Estudien su Biblia, entiendan los misterios, las revelaciones, dadas por el Dios Todopoderoso a mis profetas, mis profetisas y mis apóstoles'. Este es un tiempo como ningún otro, y yo digo: 'Ay del que toque a mi hija, porque ella es mía. Y oigan la Palabra del Señor. Este libro despertará a miles en la tierra y les dará la realidad y el entendimiento de cómo Satanás obra para destruirlos.

Pero aún hay esperanza en mí; hay bendiciones en mí; hay verdad en mí. Y cuidaré de ustedes, de sus familias, y de todo lo que les pertenece, y añadiré bendiciones, si tan solo creen y claman a mí. Ahora oigan la Palabra del Señor. Ahora es el tiempo de que la tierra despierte. Despierta, novia mía'". Y con esto, comenzamos a caminar.

Dios derramará de su Espíritu y su gracia en abundancia

Esta vez, parecía que la distancia a donde íbamos era muy corta. A mi alrededor estaban los gritos de los muertos, los esqueletos subiendo y gritando, y los agujeros. Mientras caminábamos, Jesús hablaba y hacía que apareciera luz. A veces, los demonios que se acercaban demasiado a la luz y el fuego de Dios se quemaban.

Cuanto más nos acercábamos a la cima de una colina, me preguntaba si era la misma colina en la que había estado antes. Jesús conocía mis pensamientos, y dijo: "No. Quiero enseñarte algo, hija". Cuando llegamos a la cima, pudimos ver todo lo que ocurría en cierto lugar del infierno. Yo dije: "Jesús, ¿estamos aún en el brazo derecho del infierno?". Él dijo: "Sí. La mano o el brazo derecho de mi Padre o de mí o de las personas significa poder. Ahora, mientras miras hacia abajo, quiero enseñarte ciertos tormentos de este lugar y explicarte que Satanás ha planeado y enviado a muchos espíritus poderosos, poderes engañadores, contra mis elegidos y contra el gran, gran, gran poder de Dios. Necesitamos gente, Katherine, en la tierra. Necesitamos gente que escuche al Espíritu de Dios y que oiga su verdad. Necesitamos que la tierra despierte y sepa que hay un Dios Todopoderoso sobre todos los dioses, sobre cada dios; un Dios Todopoderoso, el Señor. Oye lo que estoy diciendo".

Nos sentamos en una roca, y Jesús dijo: "Mira, hija, y contempla. Dios no hizo el infierno para la gente sino para el diablo y sus ángeles,[35] pero como el pecado ha aumentado, el infierno se ha agrandado para albergar también a las almas perdidas. Satanás sabe mucho acerca del reino de Dios, pero no lo sabe todo; tampoco los ángeles. Mi Padre es el que puede hablar y hacer que sucedan cosas. Yo puedo hablar y hacer que sucedan cosas. Hija, hay muchas cosas que contar en este libro. Yo estoy guardándolo con mis poderosos ángeles. Mis ángeles guerreros están alrededor de tu casa, cuidándote a ti y a tus familias. Ahora, donde abunda el pecado, abunda aún más mi gracia.[36] Mi Espíritu y mi gracia serán derramados en abundancia, y miles van a acudir a mí. Tengo una red de personas a quienes voy a usar para producir un gran avivamiento".

Y después de esto derramaré mi Espíritu sobre toda carne, y profetizarán vuestros hijos y vuestras hijas; vuestros ancianos soñarán sueños, y vuestros jóvenes verán visiones. Y también sobre los siervos y sobre las siervas derramaré mi Espíritu en aquellos días.

(Joel 2:28–29)

Jesús continuó: "Ahora hablemos sobre lo que nos rodea aquí. Mira a tu izquierda". Él me estaba revelando cosas de

35. Véase Mateo 25:41.
36. Véase Romanos 5:20.

la tierra. Miré a mi izquierda, hasta la parte más baja de la montaña, la cual parecía estar a kilómetros por debajo de nosotros. Naturalmente, no había árboles sino solo cosas quemadas, secas, podridas y rocas negras calcinadas. Vi un río que fluía velozmente, pero estaba lleno de corrupción, cosas como estiércol y serpientes siseando. Los esqueletos estaban oscilando hacia arriba y hacia abajo en este río. Yo dije: "Oh, Dios mío, ¿qué es esto?". Jesús dijo: "Hija, este es el Río de la muerte. Muchas veces en la tierra, yo llamé a las personas que tú ves gritando en el cieno. Trabajé con ellos, les ministré, envié a otros a profetizarles, pero eran tercos y tozudos y no se humillaron ante mí. Cuando llegó la muerte, no tuvieron tiempo de arrepentirse. Eran personas a las que mi Padre quería usar para despertar a mi novia y poner orden en la tierra. Pero el enemigo usó mucha seducción y muchos poderes engañadores sobre ellos. Y sí, ellos conocían el camino, entendían el camino, pero no querían el camino estrecho. Así que escogieron el camino ancho".[37]

Mientras miraba con más detenimiento, era como si estuviera de pie junto al río. Jesús también estaba de pie a mi lado. Nos habíamos movido instantáneamente desde la cima de la montaña hasta el río por el poder de Jesús. Y los esqueletos, con sus manos huesudas, podían vernos.

Miré detrás de mí y vi grandes y feos demonios. Algunos medían unos seis metros, algunos diez y otros quince. Estaban gruñendo, pero no podían acercarse a nosotros por el poder de Jesús. Y entonces Jesús y yo al instante regresamos a la cima de la montaña. El Señor dijo: "Habla a mi pueblo que está ahí, Katherine; haz sonar la trompeta en Sion. Diles que si yo les he escogido y les he llamado al arrepentimiento y a

_____

37. Véase Mateo 7:13–14.

volverse a mí, pueden hacer la obra para mí en el ministerio para salvar a los perdidos de la condenación eterna".

Después dijo: "Mira arriba a tu derecha". Cuando miré, vi algo debajo de la montaña parecido a un árbol enorme, de unos treinta y cinco metros de alto, y unos treinta y cinco metros de ancho, plantado en medio de una zona rodeada de fango, estiércol, rocas y fuego.

De forma muy rápida, estábamos bajo la montaña de nuevo, de pie junto a ese árbol gigantesco, el cual estaba lleno de corrupción y maldad, y tenía un olor horrible, como a muerte. Yo dije: "¿Qué es esto, Señor Jesús?". Él dijo: "Este es el árbol del mal de Satanás". Inmediatamente, el árbol cambió aparentando estar sano. Parecía como si tuviera buen fruto en él. Yo dije: "Oh Señor, ¿qué significa esto?". Él dijo: "Sigue mirando". Yo volví a mirar, y el árbol se había convertido en oro; después se convirtió en plata, y después volvió a convertirse en el árbol de corrupción que realmente era. Jesús dijo: "Yo he llamado a mi novia a los árboles de justicia".[38] Satanás, por lo tanto, tiene un árbol del mal para corromper a mi novia, seducir a mi gente con oro, con plata y con muchos caminos corruptos".

Mientras miraba el árbol del mal, su fruto se llenó de gusanos y larvas y se cayó de las ramas. Jesús dijo: "El fruto que la gente da es así. No están usando mis santas Escrituras para ser humildes, buenos y perdonadores, y para librarles del egoísmo, la lujuria y el amor al dinero. Su dios es el dinero". Cuando Jesús dijo eso, el árbol de nuevo se convirtió en oro; habían grandes monedas de oro en todo él. Yo pensé: *Oh Dios mío, es todo una ilusión, ¿verdad, Jesús?* Él dijo: "Es una ilusión que el diablo está usando para engañar a su novia. La

38. Véase Isaías 61:3.

verdadera novia de Cristo despertará, me alabará y me dará gracias por todo, Katherine, bueno o malo. La verdadera novia de Cristo me rendirá todo. Yo soy su Rey. Yo soy su Rey poderoso. Puedo hacer cualquier cosa por ellos".

Y a Aquel que es poderoso para hacer todas las cosas mucho más abundantemente de lo que pedimos o entendemos, según el poder que actúa en nosotros, a él sea gloria en la iglesia en Cristo Jesús por todas las edades, por los siglos de los siglos. **(Efesios 3:20–21)**

Volví a mirar al árbol, y había en él objetos muy extraños y de aspecto malévolo. Eran tan malos que ni siquiera puedo describirlos. Pero al árbol parecían gustarle; brotó vida, y al instante sus hojas comenzaron a ponerse verdes. También crecían hojas nuevas, pero en su interior había rostros de demonios. Yo dije: "Oh Señor, ¿qué es esto?". Él dijo: "Esto es el ocultismo, las artes negras y las artes blancas de Satanás obrando dentro de él para corromper a mi novia. Mi novia no puede codiciar el mundo; mi pueblo debe detener su lujuria y mirarme a mí, porque esta hora es distinta a todas. Y estas cosas que te estoy enseñando aquí despertarán a mi novia. Dile a mi pueblo que se arrepienta. Di a otros que se arrepientan".

Desde la cima de la montaña, caminamos hasta otro lugar donde había una gran cámara acorazada reposando en lo alto de un montón de corrupción y flotando en escombros. Entonces vi demonios que llegaban y abrían la cámara. Pusieron riquezas en ella, como oro, billetes y monedas, y se rieron y dijeron: "Hemos engañado a la gente. Les robamos su dinero. Hemos hecho que inviertan mal. Les hemos mentido. ¡Oh, Satanás va a estar orgulloso de nosotros!". Tenían una lista de las obras que habían hecho en la tierra. La cámara se cerró, pero llegaron también muchos otros demonios y pusieron en su interior los tesoros que le habían robado a la gente de la tierra.

Había un puente sobre los escombros malolientes sobre los que flotaba la cámara. Miré al Señor y pregunté: "Jesús, ¿qué es esto?". Él me dijo: "Despierta a mi novia, a mi pueblo; diles que no pongan su dinero en cosas necias, en mentiras y escombros. Dile a mi novia que busque primero el reino de Dios y todas estas cosas les serán añadidas.[39] Dile a mi novia que despierte a la verdad y la justicia y que se arrepienta de sus pecados, que se arrepienta de vedad.

"Esta cámara contiene cosas robadas a mi novia, cosas que yo había planeado que fueran para mi novia. La gente dice: 'Bueno, ¿qué hay de Abraham e Isaac y Jacob? Ellos tenían abundancia'. Sí, y ustedes tendrán lo que necesiten, y algunos tendrán abundancia para ayudar y hacer avanzar el reino de Dios. Pero, novia mía, hay egoísmo en ti. Tienes el espíritu de egoísmo y lujuria. Arrepiéntete, novia mía, del egoísmo y la lujuria".

Tales son las sendas de todo el que es dado a la codicia, la cual quita la vida de sus poseedores. **(Proverbios 1:19)**

---

39. Véase Mateo 6:33.

Oren por el mundo y busquen el consejo de Dios

Caminamos hasta otra zona, y Jesús me enseñó una visión que me sorprendió. Había un gran bar, o taberna, muy parecida a las de la tierra. En ella, algunas personas estaban jugando al billar y otros estaban sentados en la barra bebiendo, pero estaban muy borrachos; eran muy malos. Un hombre se levantó y apuñaló a otro hombre. El hombre que había sido apuñalado sacó una pistola, pero entonces cayó muerto porque alguien de repente le había disparado. Yo grité: "Oh no, Señor, dijiste que esto está ocurriendo en la tierra hoy".

Entonces me mostró un destello de algo que no entendí. Había escenas sobre la tierra de gran corrupción y violencia. Jesús dijo: "Despierta a mi novia para que ore". Me mostró niños pequeños que estaban siendo usados como objetos sexuales. Era como si yo estuviera viendo una película de varias cosas corruptas que están ocurriendo en toda la tierra. Él dijo: "Dile a mi novia que despierte y ore. Dile a mi pueblo que se arrepienta de sus pecados". Yo dije: "Oh Jesús; oh Jesús".

Él dijo: "Ven, hay mucho más que enseñarte". Fuimos a una zona donde había muchas jaulas enormes. Lloré cuando las vi. Yo estaba de pie junto al Señor, y Él también lloraba. Jesús me dijo: "Hija, mira las jaulas". En cada jaula había algo que era parte humana y parte bestia. Él dijo: "El hombre está intentando copiar a Dios y crear un humano con bestias. Están intentando formar un ejército. Mi Padre está muy dolido por esto, y a mí también me duele, porque Él va a destruir la tierra con un gran juicio si mi novia no despierta y comienza a orar y buscar su consejo y a hacer lo que yo digo. Hay laboratorios secretos por toda la tierra, incluyendo el sistema penitenciario. Ay de ti, tierra, ay de los que están haciendo esto, porque están usando a los presos para propósitos científicos, y nunca vuelven a oír más de ellos. Ay, dice Jesús, de estas obras malignas de la tierra y de quienes las están llevando a cabo".

Yo comencé a llorar de nuevo. Jesús dijo: "Ven y ve esto, hija. Despierta a mi novia; haz sonar la trompeta en Sion". Fuimos a otra zona, y me enseñó otra visión. Jesús dijo: "Mira y observa". Vi un gran hospital en el que estaba escrita la palabra "Muerte". Muchas mujeres embarazadas estaban de pie dentro. Iban a la sala de abortos, al menos cinco a la vez, y distintos doctores abortaban sus bebés. Vi la sangre fluir de las mujeres y caer al suelo. Algunas de las mujeres murieron, y los doctores de hecho mataron a algunas de las mujeres y los bebés. Yo dije: "Oh Dios mío, ¿cómo puede ser esto?". Él dijo: "Laboratorios secretos. Mira el bebé". El bebé era parte bestia y parte humana.

Recordé que hace muchos años había tenido una visión de lo mismo. Estaba orando fervientemente cuando el Señor me mostró esto, y nunca lo he revelado hasta ahora. Jesús dijo: "Es tiempo de avisar a la tierra de que esta maldad debe parar; es tiempo de que mi pueblo despierte y busque a Dios para obtener sabiduría y conocimiento".

El llamado de Dios

Jesús y yo estábamos de nuevo en la cima de la montaña, y Él dijo: "Hay tiempo para cosechar y tiempo para sembrar. Este libro va a salir justo a tiempo.

"Tengo muchas iglesias buenas en la tierra y muchos líderes buenos. Pero aún necesito que se levanten más y respondan a mi llamado y sean escogidos por Dios. Después de ser llamado por Dios, uno atraviesa momentos de pruebas y momentos de dificultad. Es como un ejército. Un ejército pasa por muchas cosas hasta estar en el frente. Dios te llama, y después, cuando respondes, Satanás te hace pasar por ciertas situaciones, pero Dios siempre sale al encuentro. Él sabe cómo librar a los justos de la tentación.[40] Pero necesito más gente que deje de estar ocupada con los afanes del mundo y oiga lo que estoy diciendo. Te he escogido a ti, Katherine, como profetisa, como visionaria, como escritora, porque naciste para ver y contar estas cosas. Y en medio de ello te bendije con hijos, un hogar, nietos, bisnietos. Te bendije. Y voy a seguir bendiciéndote, pequeña, porque eres sincera y justa en mí. Eres un árbol de justicia, y estás dando buen fruto".

Mientras estábamos ahí sentados en esa montaña en el infierno, pensaba en cómo Jesús me hablaba y me animaba. Y a nuestro alrededor veía miles que no le habían obedecido. Vi miles y miles que no habían entendido que el infierno es real. Comencé a entristecerme de nuevo. Estaba asida de la mano del Señor, y ambos llorábamos. Él dijo: "Hija, levanté a otros, también, a quienes mostré el infierno. Y algunos fueron creados para hablar de ello. Algunos tuvieron miedo. Algunos sencillamente dijeron: 'Rotundamente no; nunca lo contaré. Pensarán que estoy loco'. Mira, te he contado cosas secretas que nunca le has contado a nadie. Mira, hay mucho más que voy a revelarte. Pero si la gente oye y presta atención a la Santa Biblia y a las voces de los apóstoles, profetas, evangelistas, pastores y maestros, entenderán que el llamado de Dios es muy importante. Y entonces el enemigo viene y envía todo lo que puede a tu paso para que te enredes en los afanes del mundo".

Estos son los que fueron sembrados entre espinos: los que oyen la palabra, pero los afanes

40. Véase 2 Pedro 2:9.

de este siglo, y el engaño de las riquezas, y las codicias de otras cosas, entran y ahogan la palabra, y se hace infructuosa. Y éstos son los que fueron sembrados en buena tierra: los que oyen la palabra y la reciben, y dan fruto a treinta, a sesenta, y a ciento por uno.

(Marcos 4:18–20)

A menudo, después de haber estado en oración, el Espíritu Santo ha dicho: "Yo llamé, y llamé, y llamé. Y llamo a los que se arrepienten y acuden a mí. Y llamo, y llamo, y ellos no vienen. Están demasiado ocupados con los afanes de este mundo como para detenerse y oír lo que tengo que decir".

Debemos apartar tiempo para Dios. Sí, debemos apartar tiempo para tratar las preocupaciones en nuestra vida. Tenemos que apartar tiempo para nuestros hijos. Tenemos que apartar tiempo otras cosas. Pero si ponemos a Dios primero, todas las demás cosas se ordenarán. Por supuesto, vamos a cometer errores y a no dar la talla a veces, pero Dios entiende eso. Él no va a aplastarnos o destruirnos cuando fallemos o cometamos un error. Él nos ama mucho. Él se preocupa de nosotros, de nuestros hijos, de nuestros nietos y de nuestros bisnietos. Se preocupa de todos nuestros seres queridos. Él hizo un pacto con nosotros cuando fue a la cruz y derramó su poderosa sangre por nosotros. Y tenemos un Dios que cumplirá su pacto con nosotros aunque fallemos. Él está ahí para levantarnos, para darnos esperanza, y para decirnos cuánto nos ama y quiere que continuemos.

Miré a Jesús mi Salvador, y su rostro comenzó a brillar. Me tocó y me dio fuerzas. Incluso ahora, me está tocando y dándome fuerza. Pienso en el llamado de Dios para mi vida. Verdaderamente, ser escogida por Dios es el más grande honor que hay en el mundo. Pero si todos ustedes pastores, evangelistas, y los demás líderes del ministerio quíntuple escribieran un libro sobre su vida, sé que describiría pruebas y dificultades similares a las que yo he tenido. Revelaría algunas de las dificultades por las que han pasado pero nunca antes le habían contado a nadie. Mostraría lo mucho que aman a Dios, y cómo rechazaron al diablo cuando vino y les tentó con deseos carnales, y cómo han dejado muchas cosas que el mundo ve como placeres, pero que no agradan a Dios, porque son responsables ante Dios. La responsabilidad de los líderes de Dios, y de todos sus hijos, es muy seria. Sé que este libro producirá mucha sabiduría y conocimiento de Dios en el cuerpo de Cristo y en los que tienen que arrepentirse de sus pecados y recibir a Jesús como su Señor y Salvador.

Gracias Dios. Te amo y confío en ti. Eres nuestro Padre, nuestro Salvador, nuestro Sanador y nuestro Libertador.

Reclamar las llaves y los dones de Dios:

¿Ha estado pasando tiempo con Dios regularmente? Si no, comience hoy a apartar tiempo diariamente para adorar a Dios, para orar, para leer su Palabra, y para buscar su consejo. Pídale que le muestre cómo orar por las necesidades de sus seres queridos y por el estado del mundo.

14

Regreso a las puertas

La noche siguiente, cuando Jesús me llevó al infierno, dijo: "Ven, hija, vamos de regreso a las puertas del infierno. Te dije que te volvería a traer aquí". En los capítulos 10 y 11 describí cómo habíamos ido a las "Cámara de la muerte", donde comenzamos a entrar por las puertas abiertas en los costados de la gran serpiente. Cada puerta representaba la maldad del diablo: algo que Satanás había arrebatado al cuerpo de Cristo mediante sus tentaciones y engaño y que tenía cautivo, o algo que Satanás había infligido en la gente de la tierra.

La Puerta 1 contenía muchas cosas hermosas y valiosas, y la Puerta 2 tenía montones de dinero de las naciones del planeta. Estas cosas las había robado Satanás para que los hijos de Dios no tuvieran sus bendiciones y para mermar sus medios de extender el evangelio y ayudar a los pobres. La Puerta 3 era la ilusión de los ataúdes de la multitud de bebés que habían muerto como resultado de los engaños de Satanás. La Puerta 4 albergaba el "cine" donde se proyectaban las muchas obras malvadas de Satanás a lo largo de la historia.

De nuevo, había quince puertas abiertas y cinco cerradas en la serpiente. En este capítulo describiré desde la Puerta 5 hasta la 7. (Se dará un relato de las otras puertas en un futuro libro).

Por la Puerta 5

Cuando Jesús y yo atravesamos la Puerta 5, recibí una palabra en mi mente de Jesús, que decía: *El diablo ha robado la comunicación entre la gente, la comunicación conmigo, las oraciones a mí, y las oraciones por los familiares de la gente y otros. Él ha robado la comunicación que yo quiero de mi pueblo.*

Dentro de la Puerta 5 había una gran sala parecida a una oficina en una empresa o un banco. Había escritorios, computadoras, impresoras, aparatos de sonido y papeles. Le dije a Jesús: "¿Qué es esto, Señor?". Él respondió. "El diablo ha robado la comunicación entre mi pueblo y yo, y también de los familiares de mi pueblo. En lugar de estar comunicándose, hablando y orando como deberían, están peleando y discutiendo, y haciendo las cosas del mundo. El diablo se asegura de que haya tiempos en que la gente no se comunica. Él realiza aparatos de maldad para separar a la gente y para separar las cosas que no se deberían separar. Por ejemplo, cuando un ministro va bien, y la plantilla está ahí y el líder da instrucciones a la gente, algunas de esas personas no han muerto aún a la carne. Están conmigo, pero siguen estando también en el mundo. No han vencido, y yo quiero que ellos venzan. Quiero que dejen de quejarse, de murmurar y de gruñir y que busquen mi consejo y mi rostro para la comunicación entre ellos y Dios".

Por tanto, amados míos, como siempre habéis obedecido…ocupaos en vuestra salvación con temor y temblor, porque Dios es el que en vosotros produce así el querer como el hacer, por su buena voluntad. Haced todo sin murmuraciones y contiendas, para que seáis irreprensibles y sencillos, hijos de Dios sin mancha en medio de una generación maligna y perversa, en medio de la cual resplandecéis como luminares en el mundo; asidos de la palabra de vida.

(Filipenses 2:12–16)

Jesús continuó: "Ahora es el momento de que el mundo despierte y la gente reconozca dónde han herido o lastimado a alguien deliberadamente. No estoy diciendo inocentemente, pero si lo ha hecho deliberada y voluntariamente y con manipulación, tiene que arrepentirse. Tiene que regresar a la santidad, y tiene que arreglarse con su hermano y su hermana. Ahora bien, hay otras veces cuando lo que ocurre está justificado. Pero busca siempre mi rostro, mi consejo, y obedéceme; haz lo que te digo que hagas y lee mi Santa Palabra".

Me giré al Señor y dije: "¿Quieres decir, Señor, que incluso en nuestras propias vidas no nos comunicamos con ciertas personas y arreglamos ciertos asuntos que son importantes para nosotros porque tememos el que vayamos a lastimarles u ofenderles?". Y el Señor dijo: "Así es. Quiero que mi pueblo sepa que les amo y que está disponible mi gracia y mi perdón. Quiero que comiencen a comunicarse de nuevo, a amar de nuevo y a compartir otra vez. Y quiero restaurar los corazones de los padres con los hijos y los corazones de los hijos con los padres, y eso también significa restaurar los corazones de la gente con Dios, mi Padre y tu Padre. Quiero restaurar tus relaciones como el espíritu de Elías.[41] Quiero restaurar la relación entre la gente y mi Dios; y en mi nombre, puedes

---

41. Véase Malaquías 4:6; Lucas 1:17.

restaurar eso. Tú conoces el poder en mi nombre para acudir a Dios en cualquier momento y pedir ayuda del santuario".[42]

Miré a Jesús, recibí fuerza de su rostro. Por supuesto, la fuerza ya estaba ahí, pero vi algo más reflejado, como una nueva esperanza. Dije: "Señor, parece que hay esperanza alrededor de ti". Y él dijo: "Sí, sí. Estas revelaciones de mi Palabra despertarán a mi novia y devolverán esperanza a la gente, porque yo soy un Dios que ama y perdona. Diles que se comuniquen conmigo, hablen conmigo y me cuenten sus problemas y sufrimientos. Yo me ocuparé porque les amo incondicionalmente. Odio la maldad, odio el mal, pero amo a mi pueblo. Y amo a los pecadores, aunque no las cosas malas que están haciendo. Muchas personas de mi pueblo solían hacer las cosas del mundo, pero se apartaron de esas cosas. Cambiaron de parecer, y se volvieron de sus malos caminos y acudieron a Dios. Y yo les ayudé a vencer. Esa es mi Palabra. Esa es mi promesa. Y el Espíritu Santo es un Consolador. Ven, hija, vamos a las Puertas 6 y 7".

¡Despertemos a los que Jesús nos está diciendo! ¡Debemos ser restaurados con Dios y con otras personas a quienes hemos herido y ofendido! Es un pecado manipular y abusar de otros; esto es una manifestación de las lujurias de la carne, "*haciendo la voluntad de la carne y de los pensamientos*" (Efesios 2:3). Los que no se arrepienten, reciben a Cristo y permanecen en el amor de Dios sufrirán las consecuencias de su manipulación. Por ejemplo, en otro lugar del infierno había visto un montón enorme de lodo que tenía cuatro costados y me recordaba a un rascacielos. De su cima salía lodo como un volcán en erupción. La espesa masa de "lava de lodo" fluía hasta el río. Dentro del lodo había incrustadas almas que habían manipulado a la gente en la tierra. Estaban gritando morir porque estaban siendo arrastrados por este torrente de

42. Véase Salmos 20:2.

lodo hasta la torre de lodo, y de su parte superior serían expulsados de nuevo hasta el río en un círculo interminable.

Humillémonos por lo tanto, acudamos al Señor, arrepintámonos de todos nuestros pecados, y aprendamos a amar a Dios y a la gente.

Humillaos, pues, bajo la poderosa mano de Dios, para que él os exalte cuando fuere tiempo; echando toda vuestra ansiedad sobre él, porque él tiene cuidado de vosotros.

(1 Pedro 5:6–7)

Por la Puerta 6

Yo le pregunté: "Señor, ¿qué hay en la Puerta 6?". Él dijo: "Despierta a mi pueblo; déjales oír el sonido de la alarma". Yo pensé: *¿Qué habrá en la Puerta 6?* Dentro, había rompecabezas y juegos por todos lados. Había mesas con tableros de ajedrez y otros tipos de juegos que nunca antes había visto. Jesús dijo: "Esta se llama la Puerta del Juego, donde la gente juega a juegos con Dios, y donde la gente amenaza a Dios". Vi escritos en la pared en los que la gente declaraba cosas como: "Dios, si no haces esto, yo no haré eso". Oí voces diciendo: "Tú eres el culpable, Dios, de la muerte de mi hijo". Después oí otras voces demandando: "¿Quién te crees que eres, Dios? Yo no voy a hacer esto". Oí todo tipo de excusas, todo tipo de juicios contra Dios, en las voces de hombres y mujeres. Incluso oí a personas decirle a Dios: "Bueno, me iré con Satanás porque él puede darme más. Voy a seguir a otro dios. No creo en ti". Palabras así iban y venían por esta sala.

Le dije a Jesús: "Oh Señor mío, esto es horrible, horrible, lo que la gente está diciendo en contra de Dios".

No había nadie en las mesas con los juegos, pero las piezas de los rompecabezas se movían solas, como si una fuerza las estuviera controlando. Sin embargo, ningún juego funcionaba o se solucionaba. Comencé a decir: "Señor Jesús—", y entonces vi que aparecían escrituras en las mesas. No sé quién estaba escribiendo, pero las palabras eran blasfemias contra Dios, culpando a Dios, y diciendo que se habían apartado de Dios para ir en pos de espíritus de los muertos.

Entiendo completamente que estas obras malignas eran el resultado de los esfuerzos de Satanás por hacer que la gente se apartase, pero el otro lado de esto es que el Espíritu Santo daba a la gente una palabra o profecía de Dios, y muchos de ellos cambiaban y regresaban a Él; ellos recobraban su esperanza y leían su Biblia.

Las lecciones de la Puerta 6 son muy importantes. Despierta, novia de Cristo. Tienes que dejar de culpar y odiar a Dios cuando algo sale mal. Hacerlo es un grave error. El Dios Todopoderoso podría aplastarte y destruirte si quisiera, pero te ama y se preocupa por ti. Deja de culparlo a Él y regresa a Dios. Él es el que puede ayudarte.

Yo estaba muy decepcionada cuando salimos por la Puerta 6, y dije: "Jesús, que cosas tan, tan espantosas". Miré abajo a la fila de las demás puertas por las que aún no habíamos pasado, y pensé: No sé si podré soportar esto. Sin embargo, continuamos.

Por la Puerta 7

Atravesamos la Puerta 7, y Jesús dijo: "Esta es una visión. Te estoy enseñando un servicio de una iglesia". Muchas personas estaban alabando a Dios con sus manos alzadas. Algunos apenas levantaban sus manos y alababan a Dios, lo cual estaba bien, y Jesús dijo: "Yo leo los corazones de la gente".[43] Cuando la gente bajó sus manos, pude leer también sus corazones. Vi que los corazones de muchos de ellos no estaban limpios. Muchos de ellos seguían en sus pecados. Los corazones de algunos tenían negro en su interior y algunos tenían blanco.

Entonces se terminó el servicio, y la gente se fue. Algunos se subieron a sus autos y comenzaron a maldecir y blasfemar contra Dios. Yo dije: "Oh Señor, estaban ahí dentro alabándote". Una persona salió después de la iglesia y se emborrachó por completo. Otra salió y se sentó con traficantes de droga. Otros hicieron otras cosas malas.

El Señor dijo: "Sí, muchos a los que llamo a mí tienen mucho pecado en su corazón, Katherine. Y quiero que sepan que les amo, pero quiero cambiarles. Los que tienen una luz brillante sobre ellos que viste alabándome son los vencedores. Quiero que mi pueblo venza los pecados de su carne. Quiero que clamen a mí y me pidan que les ayude y les libre. Es bueno que vayan a mi casa y aprendan, incluso aunque aún no hayan vencido. Por eso te estoy enseñando esto en el infierno. Este engaño, esta codicia, este recurrir al mundo es del infierno. Yo vengo para dar libertad a mi pueblo. Yo vengo para darles libertad y amor".

Porque el Señor es el Espíritu; y donde está el Espíritu del Señor, allí hay libertad. Por tanto, nosotros todos, mirando a cara descubierta como en un espejo la gloria del Señor, somos transformados de gloria en gloria en la misma

---

43. Véase, por ejemplo, 1 Crónicas 28:9.

imagen, como por el Espíritu del Señor.
(2 Corintios 3:17–18)

Entonces Jesús dijo: "Ahora quiero enseñarte otra iglesia en una de sus reuniones". La primera visión se fue, y le di gracias a Dios por su gracia que nos empuja aún cuando no hemos vencido aún. En la siguiente visión había un movimiento maravilloso del poder de Dios. No sé dónde estaba este servicio de la iglesia, pero la gente gritaba y alababa, y todos sus corazones, salvo quizá los de unos pocos en el fondo de la iglesia, estaban encendidos para Dios.

Jesús dijo: "Katherine, lleva libertad a mi pueblo mediante este libro. Lleva libertad de nuevo a mi pueblo". Después gritó: "Libertad. Donde está Dios, ¡hay libertad!".

¡Señor, eso es asombroso, maravilloso, hermoso!

Reclamar las llaves y los dones de Dios:

Cuando las cosas salen mal en su vida, ¿cómo reacciona? ¿Tiende a culpar a Dios por ello? ¿O sigue confiando en Él y dándole gracias en medio de la situación? Cuando culpamos a Dios, abrimos la puerta para que Satanás nos aleje de nuestro Padre celestial y de su verdad. Dios nos ama incondicionalmente y cuida de nosotros. Si ha estado culpando a Dios por algo, dígale cómo se siente con lo que ha salido mal. Pídale que le perdone por culparle de esa situación. Después pídale que lo use para bien en su vida, como solo Él puede hacer, para que Él pueda restaurar su gozo y fuerza espiritual.

Y sabemos que a los que aman a Dios, todas las cosas les ayudan a bien, esto es, a los que conforme a su propósito son llamados. (Romanos 8:28)

15

Prepare el camino del Señor

Han pasado casi cuarenta años desde que Dios me dio por primera vez revelaciones del infierno. Al narrar las cosas en este libro que nunca antes había contado a nadie ni escrito, era como si estuvieran reviviéndolo. A veces parece como si todas estas cosas que Jesús me revela sean demasiado, pero Él lo hace por la gente en cada nación del mundo. Él quiere que ellos conozcan a Dios, para vivir una vida de libertad en Él, y para ser salvos eternamente.

Jesús demostrará su fortaleza

Jesús me ha revelado más secciones del infierno en los últimos años. Por ejemplo, me enseñó dónde estaba una gran señal en el infierno que decía "Falsos dioses". En ese lugar, millones de almas estaban ardiendo; el fuego vino sobre sus cabezas y debajo de sus pies; el fuego fluía, después se juntó en un espacio estrecho y ardió y salió disparado, cayendo sobre la ladera de una montaña que ardió y se secó. Mientras los gritos de las almas llenaban el aire, Satanás se reía y rugía en el fondo. Yo pensé: *Oh Dios mío, ¿quién va a detener a la gente para que no lleguen a estas llamas?*

Recuerdo mirar hacia arriba y ver una abertura oscura. Jesús hizo que brillara la luz, y pude ver muchos esqueletos cayendo en el fuego. Después dijo: "Vamos, quiero enseñarte otra cosa". Yo dije: "¿Qué es, Señor?". Él respondió: "Conozco el corazón de cada hombre y mujer, y cuando me dan su corazón, entro a vivir dentro de ellos y estoy con ellos; les enseño y les guío. Pero también sé que hay muchas personas con corazones malos que están deseando hacer daño, matar, robar o mentir, y aun así yo les envío obreros. Envío mi Palabra para que se arrepientan; les doy un espacio para arrepentirse. Envío mi gran misericordia y gracia.

"Como verás, hay muchos gusanos mordiendo estos huesos de los esqueletos, y ellos lo sienten, Katherine. Es un dolor insoportable, y no hay alivio". Yo pensé: *Oh Dios mío, gracias por salvarme; gracias por salvar a personas que conozco. Gracias Jesús, por venir a la tierra para ser nuestro Salvador.* Y Jesús dijo: "Hija mía, como te dije antes, voy a levantar a otros que han estado en el infierno. Pero voy a levantar algunas personas nuevas para ver el infierno cuando se haga la película de este libro. Voy a demostrar al mundo quién soy. Y voy hacer cosas y a mostrar mi fortaleza en estos últimos días".

La maldad será descubierta

Mientras caminábamos, multitudes y multitudes estaban ardiendo. Miles de voces estaban sonando con gran estruendo: "Déjanos morir; déjanos morir". Sabía que muchas de esas almas habían llegado allí desde que Jesús me había enseñado por primera vez el infierno. Lo *sabía*, y Jesús dijo: "Sí, hija, te estoy revelando cosas nuevas, cosas que son tan tristes y poderosas que algunas personas serán salvas del mismo fuego del infierno por lo que te estoy enseñando".

Es muy, muy triste entender esta sabiduría de Dios. Oh, qué horrible estar en el infierno.

Jesús continuó: "Hay muchos espíritus seductores en la tierra, y sí, yo abrí tu mente, te hice recordar para conocer todas estas cosas de las que has estado hablando. Pero hay algunas cosas nuevas ahora que te estoy enseñando y contando. En el cielo, Dios tiene una escala de justicia, igual que cualquier tribunal terrenal. Mi Padre es un Juez justo, es un Juez santo, y vas a ver un lugar aquí para abogados, doctores y ladrones que mintieron en los tribunales, incluso algunos jueces que mintieron por ese 'todopoderoso dólar', el dinero. Hay algunos abogados, jueces y doctores justos que tratan a la gente con justicia. No estoy hablando de ellos".

Miré a ese lugar y vi miles de hombres y mujeres que vestían bonitos trajes u otros atuendos que usan los profesionales. Y después vi la tierra temblar debajo de ellos, y fuego salir de la tierra y engullirlos. Sus ropas ardieron, y ellos se derritieron convirtiéndose en esqueletos que gritaban: "¡Muramos!". Jesús dijo: "Mi Palabra dice: 'Ay de los abogados'.[44] Ellos han enviado a prisión a muchas personas inocentes, hija mía. Han dejado en libertad a los malvados. Han puesto a hombres y mujeres en prisiones en las que no tenían que estar. Han hecho muchas cosas malas. Si observas, también había allí carceleros. Lo hicieron por el 'todopoderoso dólar' y el 'todopoderoso maná'. He visto cómo golpeaban a personas y las mataban, y luego las enterraban o quemaban, destruidas, en esas prisiones y en cárceles de la tierra, como si nadie se diera cuenta. Pero yo sí lo veo. Mi Padre lo sabe. Y mucho de esto va a ser descubierto. Cuando Dios envíe su Espíritu para descubrirlo, ¡cuidado, mundo!".

---

44. Véase Lucas 11:46–52.

Repito: hay abogados, jueces y carceleros honestos que tratan justamente a la gente. Pero hay otros que cometen cosas terribles como estas.

Yo me encogía de miedo mientras nos alejábamos caminando de ese lugar. Una vez más, oí a Jesús decir: "Ay de los abogados". Y yo pensé: *Estos versículos se están cumpliendo.*

El Señor Jesús se giró hacia mí, me miró a los ojos y dijo: "Hija, nos vamos a ir ahora. Y este es el final del viaje por ahora. Te amo mucho, y estaré contigo en los días venideros. Te ayudaré. Estaré con tu familia. Te amo, hija".

Después le oí decir: "Volveré a hablar contigo mañana en la noche". Después de esto, estaba de nuevo en mi casa.

La visión de Satanás está corrompida

La siguiente noche, Jesús vino y me llevó al infierno una vez más. El Señor dijo: "Vamos a ir a los ojos del infierno, hija". Fuimos donde había unos hoyos hundidos; a su alrededor, así como dentro de la cabeza del infierno, había cosas que parecían rocas. Y vi las fauces del infierno abiertas y demonios riéndose.

Pregunté: "Señor, ¿qué estamos haciendo aquí?". Él dijo: "Mira, escucha y aprende". Yo miraba mientras el círculo alrededor de los ojos comenzaba a llenarse de gusanos y larvas. Satanás llegó, y tenía una especie de cubo. Tomó algo ardiendo con el cubo y se lo dio a los demonios para que lo vertieran sobre los esqueletos ardiendo. De nuevo, el fuego no quemaba a los gusanos ni al resto de las cosas viles, sino tan solo a los esqueletos. Y Satanás se reía.

Miré a Cristo, y Él estaba llorando. Me dijo: "Hija, vas a hablarle al mundo de este lugar. Y se hará una película de este libro. El mundo sabrá que yo soy el Dios Todopoderoso. Versículos bíblicos cobrarán vida para la gente. Temerán el juicio de su Padre y se volverán a Él. Mi Padre y tu Padre me dio permiso para traerte aquí y enseñarte estas cosas para preparar a la tierra para mi regreso. No sé cuándo regresaré; solo mi Padre lo sabe, ni siquiera los ángeles.[45] Pero te digo: "Preparen el camino del Señor".

Como está escrito en el libro de las palabras del profeta Isaías, que dice: Voz del que clama en el desierto: Preparad el camino del Señor; enderezad sus sendas. Todo valle se rellenará, y se bajará todo monte y collado; los caminos torcidos serán enderezados, y los caminos ásperos allanados; y verá toda carne la salvación de Dios. **(Lucas 3:4–6)**

Después Jesús dijo: "Vamos". Comenzamos a ascender para salir de ese lugar al aire fresco que había arriba. Lo agradecí mucho. Sin embargo, mientras nos íbamos, podía oír aún los gritos de las multitudes, el crujir de dientes, el lamento, el dolor. Me sentía muy triste y angustiada. Después de llegar a mi casa, Jesús se sentó en mi cama hasta el amanecer, diciéndome: "Paz, ten calma".

Crea en Jesucristo

Jesús es muy tierno, muy precioso. Le estoy diciendo estas cosas que Él me ha contado a mí porque me ha pedido que

---

45. Véase Mateo 24:36.

lo haga, y porque Él también le ama a usted. Jesús no quiere que usted vaya al infierno. Quiere que se arrepienta mientras aún haya tiempo. Él no quiere que piense que usted tiene aún mucho tiempo en la tierra y entonces se muera de repente y abandone esta vida, y vea que ha terminado en el infierno. Arrepiéntase y confíe en el Señor. Viva para Él. Comience a asistir a una buena iglesia. Diga la verdad acerca del cielo y del infierno a sus familiares y vecinos, y deje que el Espíritu de Dios les atraiga a la salvación. Ámense unos a otros como Cristo les ha amado. (Véase, por ejemplo, Juan 13:34).

El infierno es un lugar que necesitamos temer para que no nos volvamos complacientes con nuestra vida. Tenemos que temer el juicio de Dios. Deberíamos temer a Dios no porque puede destruirnos sino porque le reverenciamos y amamos. Tenemos que obedecer su Palabra lo mejor que podamos. Y si fallamos, debemos arrepentirnos de inmediato. Arrepintámonos de todos nuestros pecados y volvamos a encomendar nuestras vidas a Dios.

Realmente no me importa si los críticos u otras personas se ríen de este relato, porque conozco a un Dios que va a enseñarle que Él es real. No es bueno para nadie morir y despertarse en el infierno para una eternidad porque no creyó en Él. Usted puede ser salvo. Dios le pide que crea que su Hijo Jesucristo vino a la tierra para morir en la cruz por sus pecados. Él le pide que se arrepienta de sus pecados y que reciba el sacrificio que Jesús hizo por usted, para que pueda ser limpiado de esos pecados mediante la preciosa sangre de Jesús.

Si no conoce a Jesús como su Salvador, le animo con urgencia a que le reciba ahora mismo. Puede hacerlo mediante esta oración:

Padre celestial,

Creo en ti y en tu Hijo Jesucristo, quien vino a la tierra a morir en la cruz por mis pecados. Creo que le levantaste de la muerte y que vive para siempre, para que todo aquel que crea en Él pueda recibir vida eterna. Por lo que Jesús hizo por mí, te pido que me perdones todos mis pecados y que entres en mi corazón y salves mi alma. Lléname con tu Espíritu Santo, y ayúdame a vivir para ti a partir de este día. Gracias por salvarme y darme una nueva vida. En el nombre de Jesús, amén.

Porque todo lo que es nacido de Dios vence al mundo; y esta es la victoria que ha vencido al mundo, nuestra fe. ¿Quién es el que vence al mundo, sino el que cree que Jesús es el Hijo de Dios? **(1 Juan 5:4–5)**

Permanezca en libertad

Si ya conoce a Jesucristo, recuerde que vino para liberarnos. El Señor me dijo: "Lleva libertad a mi pueblo mediante este libro". Y las Escrituras dicen: *"Cristo nos liberó para que vivamos en libertad. Por lo tanto, manténganse firmes y no se sometan nuevamente al yugo de esclavitud"* (Gálatas 5:1, NVI).

Podemos vivir en libertad cuando amamos a Dios y nos mantenemos fieles a Él, y cuando reconocemos y exponemos los engaños de Satanás. El Señor está llamando a todos los cristianos a arrepentirse, a entregarnos de todo corazón a Él, a entender la realidad del infierno, y a luchar espiritualmente por los perdidos, enfermos y oprimidos por el diablo. Tenemos que hacer uso de los dones del Espíritu que Dios nos ha dado. Y debemos estudiar las llaves del reino y usarlas diligentemente para recuperar lo que Satanás nos ha robado.

En este libro hemos hablado de muchas llaves para el reino, como:

+ atar y desatar
+ el nombre de Jesús
+ obedecer a Dios
+ compasión
+ amor
+ un espíritu humilde
+ discernimiento espiritual
+ alabanza
+ oración
+ justicia
+ la verdadera Palabra de Dios
+ fe
+ el fuego de Dios
+ los dones del Espíritu
+ la restauración de los dones del ministerio quíntuple

Cuando todos nos arrepentimos de nuestros pecados, cuando nos volvemos a Jesús de todo corazón, cuando rechazamos la mundanalidad, desobediencia, pereza y egoísmo, y cuando usamos las llaves del reino y los dones que Jesús nos ha dado, podemos derrotar a Satanás y reclamar las bendiciones y la provisión de Dios que permitimos que el enemigo nos quitara. Recuerde que Jesús dijo que este es un tiempo de juicio para muchos de los demonios de Satanás, cuando serán destruidos y convertidos en cenizas. Este es un tiempo para atar y desatar. Podemos tener la victoria sobre el diablo, y podemos llevar a mucha gente a la salvación, libertad y prosperidad en Dios. Podemos llevar liberación, transfiriendo a la gente del poder de Satanás a Dios, ¡en el nombre de Jesús! (Véase Hechos 26:18).

Recomiendo que lea este libro junto a su Biblia y equilibre lo que está escrito aquí con las Santas Escrituras. Ame a Jesús con todo su corazón, ¡y sírvale para la gloria de Dios!

Recuerde: si fracasa y siente que quiere abandonar, regrese a Jesús. Él estará ahí para levantarle. Acuda a Él pidiendo ayuda, porque Él ha prometido aceptarle. (Véase, por ejemplo, Juan 6:37).

Reciba vida eterna

Justo cuando terminaba *Una Revelación Divina de los Engaños de Satanás*, el Señor me dio una visión para compartir con usted para que entienda la intención de Dios con este libro. Vi las manos del Señor, y había luz sobre ellas. En su mano izquierda, el Señor sostenía una antigua botella transparente de cuello largo. Con su mano derecha, comenzó a desenroscar el tapón. ¡El agua que había dentro de esa botella estaba viva!

Y el Señor me dijo que debería leer acerca de su *"agua viva"* en Juan 4:10–14, 23 y Juan 7:38. La razón de todo este libro es derramar su agua viva sobre nosotros. También dijo que leyera acerca del *"pan de vida"* en Juan 6:35–58. Él quiere llevarnos a un entendimiento de quién es Él y del pan de vida que quiere darnos si tan solo acudimos a Él. Esta agua viva, este pan de vida, es vida eterna. Cuando recibimos a Cristo, tenemos vida eterna con Él, y nunca moriremos.

> *Porque de tal manera amó Dios al mundo, que ha dado a su Hijo unigénito, para que todo aquel que en él cree, no se pierda, mas tenga vida eterna.*   (Juan 3:16)

EPÍLOGO

Palabras de libertad del Señor

El Espíritu de profecía (véase Apocalipsis 19:10) me habló y me dijo: "Sin duda, así dice el Espíritu del Señor, este es el final de este libro, pero habrá otro libro para revelar más al cuerpo de Cristo. Este libro traerá libertad, libertad, libertad a mi pueblo y a los pecadores. Yo bendeciré este libro. Irá por todo el mundo en cada lenguaje. Este libro, hija mía, será bendecido económicamente. Este libro es del Dios Todopoderoso. Está dedicado al Padre, al Hijo y al Espíritu Santo. Es libertad lo que estoy llevando mediante estas páginas, hijos míos. Despierta, novia mía. Despierta, novia. Despierten, mis predicadores y mis líderes. Regresen a mí, porque les amo. Y les necesito. Les necesito en la tierra para extender mi evangelio; les necesito para la obra de Dios. El poder sobrenatural de Dios vendrá y les dará visiones, sueños y revelaciones. Así, esta es la obra del Espíritu Santo, mis hijos. Y sí, digo que la libertad llegará mediante la lectura de este libro y de la Santa Biblia. Libertad, hijos míos; esto es todo, dice el Señor Jesucristo".

Versículos escogidos sobre Satanás, el engaño espiritual y la tentación

Características de Satanás

El diablo…ha sido homicida desde el principio, y no ha permanecido en la verdad, porque no hay verdad en él. Cuando habla mentira, de suyo habla; porque es mentiroso, y padre de mentira. (Juan 8:44)

El ladrón no viene sino para hurtar y matar y destruir. (Juan 10:10)

El que practica el pecado es del diablo; porque el diablo peca desde el principio. Para esto apareció el Hijo de Dios, para deshacer las obras del diablo. (1 Juan 3:8)

Sed sobrios, y velad; porque vuestro adversario el diablo, como león rugiente, anda alrededor buscando a quien devorar. (1 Pedro 5:8)

172 Una Revelación Divina de los Engaños de Satanás

Y fue lanzado fuera el gran dragón, la serpiente anti-gua, que se llama diablo y Satanás, el cual engaña al mundo entero; fue arrojado a la tierra, y sus ángeles fueron arrojados con él. Entonces oí una gran voz en el cielo, que decía: Ahora ha venido la salvación, el poder, y el reino de nuestro Dios, y la autoridad de su Cristo; porque ha sido lanzado fuera el acusador de nuestros hermanos, el que los acusaba delante de nuestro Dios día y noche. (Apocalipsis 12:9–10)

Engaños de Satanás

Entonces Jehová Dios dijo a la mujer: ¿Qué es lo que has hecho? Y dijo la mujer: La serpiente me engañó, y comí. (Génesis 3:13)

Porque se levantarán falsos Cristos, y falsos profetas, y harán grandes señales y prodigios, de tal manera que engañarán, si fuere posible, aun a los escogidos. (Mateo 24:24)

Pero si nuestro evangelio está aún encubierto, entre los que se pierden está encubierto; en los cuales el dios de este siglo cegó el entendimiento de los incrédulos, para que no les resplandezca la luz del evangelio de la gloria de Cristo, el cual es la imagen de Dios. (2 Corintios 4:3–4)

Inicuo cuyo advenimiento es por obra de Satanás, con gran poder y señales y prodigios mentirosos, y con todo engaño de iniquidad para los que se pierden, por cuanto no recibieron el amor de la verdad para ser salvos. Por esto Dios les envía un poder engañoso, para que crean la mentira, a fin de que sean condenados todos los que no creyeron a la verdad, sino que se complacieron en la injusticia.   (2 Tesalonicenses 2:9–12)

Vi a un ángel que descendía del cielo, con la llave del abismo, y una gran cadena en la mano. Y prendió al dragón, la serpiente antigua, que es el diablo y Satanás, y lo ató por mil años; y lo arrojó al abismo, y lo encerró, y puso su sello sobre él, para que no engañase más a las naciones, hasta que fuesen cumplidos mil años; y después de esto debe ser desatado por un poco de tiempo.
(Apocalipsis 20:1–3)

Tentaciones de Satanás

Entonces Jesús fue llevado por el Espíritu al desierto, para ser tentado por el diablo. Y después de haber ayunado cuarenta días y cuarenta noches, tuvo hambre. Y vino a él el tentador, y le dijo: Si eres Hijo de Dios, di que estas piedras se conviertan en pan. El respondió y dijo: Escrito está: No sólo de pan vivirá el hombre, sino de toda palabra que sale de la boca de Dios. Entonces el diablo le llevó a la santa ciudad, y le puso sobre el pináculo del templo, y le dijo: Si eres Hijo de Dios, échate abajo; porque escrito está: A sus ángeles mandará acerca de ti, y, en sus manos te sostendrán, para que no tropieces con tu pie en piedra. Jesús le dijo: Escrito está también: No tentarás al Señor tu Dios. Otra vez le llevó el diablo a un monte muy alto, y le mostró todos los reinos del mundo y la gloria de ellos, y le dijo: Todo esto te daré, si postrado me adorares. Entonces Jesús le dijo: Vete, Satanás, porque escrito está: Al Señor tu Dios *adorarás, y a él sólo servirás. El diablo entonces le dejó; y he aquí vinieron ángeles y le servían.* (Mateo 4:1–11)

Velad y orad, para que no entréis en tentación; el espíritu a la verdad está dispuesto, pero la carne es débil.

(Mateo 26:41)

Así que, el que piensa estar firme, mire que no caiga. No os ha sobrevenido ninguna tentación que no sea humana; pero fiel es Dios, que no os dejará ser tentados más de lo que podéis resistir, sino que dará también juntamente con la tentación la salida, para que podáis soportar.

(1 Corintios 10:12–13)

El marido cumpla con la mujer el deber conyugal, y asimismo la mujer con el marido. La mujer no tiene potestad sobre su propio cuerpo, sino el marido; ni tampoco tiene el marido potestad sobre su propio cuerpo, sino la mujer. No os neguéis el uno al otro, a no ser por algún tiempo de mutuo consentimiento, para ocuparos sosegadamente en la oración; y volved a juntaros en uno, para que no os tiente Satanás a causa de vuestra incontinencia. (1 Corintios 7:3–5)

Bienaventurado el varón que soporta la tentación; porque cuando haya resistido la prueba, recibirá la corona de vida, que Dios ha prometido a los que le aman. Cuando alguno es tentado, no diga que es tentado de parte de Dios; porque Dios no puede ser tentado por el mal, ni él tienta a nadie; sino que cada uno es tentado, cuando de su propia concupiscencia es atraído y seducido. Entonces la concupiscencia, después que ha concebido, da a luz el pecado; y el pecado, siendo consumado, da a luz la muerte.   (Santiago 1:12–15)

Distorsión de Satanás de la Palabra de Dios/ Falsa Doctrina

Pero el Espíritu dice claramente que en los postreros tiempos algunos apostatarán de la fe, escuchando a espíritus engañadores y a doctrinas de demonios; por la hipocresía de mentirosos que, teniendo cauterizada la conciencia...   (1 Timoteo 4:1–2)

Porque éstos son falsos apóstoles, obreros fraudulentos, que se disfrazan como apóstoles de Cristo. Y no es maravilla, porque el mismo Satanás se disfraza como ángel de luz. Así que, no es extraño si también sus ministros se disfrazan como ministros de justicia; cuyo fin será conforme a sus obras.   (2 Corintios 11:13–15)

Porque el siervo del Señor no debe ser contencioso, sino amable para con todos, apto para enseñar, sufrido; que con mansedumbre corrija a los que se oponen, por si quizá Dios les conceda que se arrepientan para conocer la verdad, y escapen del lazo del diablo, en que están cautivos a voluntad de él.   (2 Timoteo 2:24–26)

Robo de Satanás de la Palabra/Pruebas/ Los Afanes del Mundo

El sembrador es el que siembra la palabra. Y éstos son los de junto al camino: en quienes se siembra la palabra, pero después que la oyen, en seguida viene Satanás, y quita la palabra que se sembró en sus corazones. Estos son asimismo los que fueron sembrados en pedregales: los que cuando han oído la palabra, al momento la reciben con gozo; pero no tienen raíz en sí, sino que son de corta duración, porque cuando viene la tribulación o la persecución por causa de la palabra, luego tropiezan. Estos son los que fueron sembrados entre espinos: los que oyen la palabra, pero los afanes de este siglo, y el engaño de las riquezas, y las codicias de otras cosas, entran y ahogan la palabra, y se hace infructuosa. Y éstos son los que fueron sembrados en buena tierra: los que oyen la palabra y la reciben, y dan fruto a treinta, a sesenta, y a ciento por uno. (Marcos 4:14–20)

Pero Marta se preocupaba con muchos quehaceres, y acercándose, dijo: Señor, ¿no te da cuidado que mi hermana me deje servir sola? Dile, pues, que me ayude. Respondiendo Jesús, le dijo: Marta, Marta, afanada y turbada estás con muchas cosas. Pero sólo una cosa es necesaria; y María ha escogido la buena parte, la cual no le será quitada. (Lucas 10:40–42)

Las obras y lujurias de la carne

Y manifiestas son las obras de la carne, que son: adulterio, fornicación, inmundicia, lascivia, idolatría, hechicerías, enemistades, pleitos, celos, iras, contiendas, disensiones, herejías, envidias, homicidios, borracheras, orgías, y cosas semejantes a estas; acerca de las cuales os amonesto, como ya os lo he dicho antes, que los que

practican tales cosas no heredarán el reino de Dios.
(Gálatas 5:19–21)

No améis al mundo, ni las cosas que están en el mundo. Si alguno ama al mundo, el amor del Padre no está en él. Porque todo lo que hay en el mundo, los deseos de la carne, los deseos de los ojos, y la vanagloria de la vida, no proviene del Padre, sino del mundo. Y el mundo pasa, y sus deseos; pero el que hace la voluntad de Dios permanece para siempre.   (1 Juan 2:15–17)

No os engañéis; Dios no puede ser burlado: pues todo lo que el hombre sembrare, eso también segará. Porque el que siembra para su carne, de la carne segará corrupción; mas el que siembra para el Espíritu, del Espíritu segará vida eterna.   (Gálatas 6:7–8)

¡Vamos ahora! los que decís: Hoy y mañana iremos a tal ciudad, y estaremos allá un año, y traficaremos, y ganaremos; cuando no sabéis lo que será mañana. Porque ¿qué es vuestra vida? Ciertamente es neblina que se aparece por un poco de tiempo, y luego se desvanece. En lugar de lo cual deberíais decir: Si el Señor quiere, viviremos y haremos esto o aquello. Pero ahora os jactáis en vuestras soberbias. Toda jactancia semejante es mala.
(Santiago 4:13–16)

Pero gran ganancia es la piedad acompañada de contentamiento; porque nada hemos traído a este mundo, y sin duda nada podremos sacar. Así que, teniendo sustento y abrigo, estemos contentos con esto. Porque los que quieren enriquecerse caen en tentación y lazo, y en muchas *codicias necias y dañosas, que hunden a los hombres en destrucción y perdición; porque raíz de todos los males es el amor al dinero, el cual codiciando algunos, se extraviaron de la fe, y fueron traspasados de muchos dolores.*

(1 Timoteo 6:6–10)

Versículos escogidos sobre las llaves y los dones de Dios

Buscar el reino

Mas buscad el reino de Dios, y todas estas cosas os serán añadidas. No temáis, manada pequeña, porque a vuestro Padre le ha placido daros el reino. Vended lo que poseéis, y dad limosna; haceos bolsas que no se envejezcan, tesoro en los cielos que no se agote, donde ladrón no llega, ni polilla destruye. Porque donde está vuestro tesoro, allí estará también vuestro corazón. (Lucas 12:31–34)

Atar y desatar

Y yo también te digo, que tú eres Pedro, y sobre esta roca edificaré mi iglesia; y las puertas del Hades no prevalecerán contra ella. Y a ti te daré las llaves del reino de los cielos; y todo lo que atares en la tierra será atado en los cielos; y todo lo que desatares en la tierra será desatado en los cielos. (Mateo 16:18–19)

De cierto os digo que todo lo que atéis en la tierra, será atado en el cielo; y todo lo que desatéis en la tierra, será desatado en el cielo. Otra vez os digo, que si dos de vosotros se pusieren de acuerdo en la tierra acerca de cualquiera cosa que pidieren, les será hecho por mi Padre que está en los cielos. Porque donde están dos o tres congregados en mi nombre, allí estoy yo en medio de ellos.

(Mateo 18:18–20)

Autoridad de Jesús

El Espíritu del Señor está sobre mí, por cuanto me ha ungido para dar buenas nuevas a los pobres; me ha enviado a sanar a los quebrantados de corazón; a pregonar libertad a los cautivos, y vista a los ciegos; a poner en libertad a los oprimidos. (Lucas 4:18)

Cómo Dios ungió con el Espíritu Santo y con poder a Jesús de Nazaret, y cómo éste anduvo haciendo bienes y sanando a todos los oprimidos por el diablo, porque Dios estaba con él. (Hechos 10:38)

Entonces llamando a sus doce discípulos, les dio autoridad sobre los espíritus inmundos, para que los echasen fuera, y para sanar toda enfermedad y toda dolencia.

(Mateo 10:1)

Descendió Jesús a Capernaum, ciudad de Galilea; y les enseñaba en los días de reposo. Y se admiraban de su doctrina, porque su palabra era con autoridad. Estaba en la sinagoga un hombre que tenía un espíritu de demonio inmundo, el cual exclamó a gran voz, diciendo:

Déjanos; ¿qué tienes con nosotros, Jesús nazareno? ¿Has venido para destruirnos? Yo te conozco quién eres, el Santo de Dios. Y Jesús le reprendió, diciendo: Cállate, y sal de él. Entonces el demonio, derribándole en medio de ellos, salió de él, y no le hizo daño alguno. Y estaban todos maravillados, y hablaban unos a otros, diciendo: ¿Qué palabra es esta, que con autoridad y poder manda a los espíritus inmundos, y salen? (Lucas 4:31–36)

Y Jesús se acercó y les habló diciendo: Toda potestad me es dada en el cielo y en la tierra. Por tanto, id, y haced discípulos a todas las naciones, bautizándolos en el nombre del Padre, y del Hijo, y del Espíritu Santo; enseñándoles que guarden todas las cosas que os he mandado; y he aquí yo estoy con vosotros todos los días, hasta el fin del mundo. (Mateo 28:18–20)

Y despojando a los principados y a las potestades, [Jesús] los exhibió públicamente, triunfando sobre ellos en la cruz. (Colosenses 2:15)

Por lo cual Dios también le [Jesús] exaltó hasta lo sumo, y le dio un nombre que es sobre todo nombre, para que en el nombre de Jesús se doble toda rodilla de los que están en los cielos, y en la tierra, y debajo de la tierra; y toda lengua confiese que Jesucristo es el Señor, para gloria de Dios Padre. (Filipenses 2:9–11)

De cierto, de cierto os digo: Viene la hora, y ahora es, cuando los muertos oirán la voz del Hijo de Dios; y los que la oyeren vivirán. Porque como el Padre tiene vida en sí mismo, así también ha dado al Hijo el tener vida en sí mismo; y también le dio autoridad de hacer juicio, por cuanto es el Hijo del Hombre. No os maravilléis de esto; porque vendrá hora cuando todos los que están en los sepulcros oirán su voz; y los que hicieron lo bueno, saldrán a resurrección de vida; mas los que hicieron lo malo, a resurrección de condenación. (Juan 5:25–29)

El nombre de Jesús

Volvieron los setenta [discípulos] con gozo, diciendo: Señor, aun los demonios se nos sujetan en tu nombre. Y les dijo: Yo veía a Satanás caer del cielo como un rayo. He aquí os doy potestad de hollar serpientes y escorpiones, y sobre toda fuerza del enemigo, y nada os dañará. Pero no os regocijéis de que los espíritus se os sujetan, sino regocijaos de que vuestros nombres están escritos en los cielos. (Lucas 10:17–20)

De cierto, de cierto os digo: El que en mí cree, las obras que yo hago, él las hará también; y aun mayores hará, porque yo voy al Padre. Y todo lo que pidiereis al Padre en mi nombre, lo haré, para que el Padre sea glorificado en el Hijo. Si algo pidiereis en mi nombre, yo lo haré. (Juan 14:12–14)

Hizo además Jesús muchas otras señales en presencia de sus discípulos, las cuales no están escritas en este libro. Pero éstas se han escrito para que creáis que Jesús es el Cristo, el Hijo de Dios, y para que creyendo, tengáis vida en su nombre. (Juan 20:30–31)

Entonces Pedro, lleno del Espíritu Santo, les dijo: Gobernantes del pueblo, y ancianos de Israel: Puesto que hoy se nos interroga acerca del beneficio hecho a un hombre enfermo, de qué manera éste haya sido sanado, sea notorio a todos vosotros, y a todo el pueblo de Israel, que en el nombre de Jesucristo de Nazaret, a quien vosotros crucificasteis y a quien Dios resucitó de los muertos, por él este hombre está en vuestra presencia sano. Este Jesús es la piedra reprobada por vosotros los edificadores, la cual ha venido a ser cabeza del ángulo. Y en ningún otro hay salvación; porque no hay otro nombre bajo el cielo, dado a los hombres, en que podamos ser salvos.
(Hechos 4:8–12)

Aconteció que mientras íbamos a la oración, nos salió al encuentro una muchacha que tenía espíritu de adivinación, la cual daba gran ganancia a sus amos, adivinando. Esta, siguiendo a Pablo y a nosotros, daba voces, diciendo: Estos hombres son siervos del Dios Altísimo, quienes os anuncian el camino de salvación. Y esto lo hacía por muchos días; mas desagradando a Pablo, éste se volvió y dijo al espíritu: Te mando en el nombre de Jesucristo, que salgas de ella. Y salió en aquella misma hora. (Hechos 16:16–18)

No me elegisteis vosotros a mí, sino que yo os elegí a vosotros, y os he puesto para que vayáis y llevéis fruto, y vuestro fruto permanezca; para que todo lo que pidiereis al Padre en mi nombre, él os lo dé. (Juan 15:16)

Y estas señales seguirán a los que creen: En mi nombre echarán fuera demonios; hablarán nuevas lenguas;

tomarán en las manos serpientes, y si bebieren cosa mortífera, no les hará daño; sobre los enfermos pondrán sus manos, y sanarán. (Marcos 16:17–18)

Y por la fe en su nombre [Jesús], a éste, que vosotros veis y conocéis, le ha confirmado su nombre; y la fe que es por él ha dado a éste esta completa sanidad en presencia de todos vosotros. (Hechos 3:16)

Obediencia a Dios

¿Se complace Jehová tanto en los holocaustos y víctimas, como en que se obedezca a las palabras de Jehová? Ciertamente el obedecer es mejor que los sacrificios, y el prestar atención que la grosura de los carneros.
(1 Samuel 15:22)

Y aunque era Hijo, por lo que padeció aprendió la obediencia; y habiendo sido perfeccionado, vino a ser autor de eterna salvación para todos los que le obedecen.
(Hebreos 5:8–9)

Si me amáis, guardad mis mandamientos. (Juan 14:15)

Y por quien [Jesús] recibimos la gracia y el apostolado, para la obediencia a la fe en todas las naciones por amor de su nombre. (Romanos 1:5)

¿No sabéis que si os sometéis a alguien como esclavos para obedecerle, sois esclavos de aquel a quien obedecéis, sea del pecado para muerte, o sea de la obediencia para justicia? (Romanos 6:16)

Porque las armas de nuestra milicia no son carnales, sino poderosas en Dios para la destrucción de fortalezas, derribando argumentos y toda altivez que se levanta contra el conocimiento de Dios, y llevando cautivo todo pensamiento a la obediencia a Cristo, y estando prontos para castigar toda desobediencia, cuando vuestra obediencia sea perfecta. (2 Corintios 10:4–6)

Compasión

Recorría Jesús todas las ciudades y aldeas, enseñando en las sinagogas de ellos, y predicando el evangelio del reino, y sanando toda enfermedad y toda dolencia en el pueblo. Y al ver las multitudes, tuvo compasión de ellas; porque estaban desamparadas y dispersas como ovejas que no tienen pastor. Entonces dijo a sus discípulos: A la verdad la mies es mucha, mas los obreros pocos. (Mateo 9:35–37)

No paguéis a nadie mal por mal; procurad lo bueno delante de todos los hombres. Si es posible, en cuanto dependa de vosotros, estad en paz con todos los hombres. No os venguéis vosotros mismos, amados míos, sino dejad lugar a la ira de Dios; porque escrito está: Mía es la venganza, yo pagaré, dice el Señor. Así que, si tu enemigo tuviere hambre, dale de comer; si tuviere sed, dale de beber; pues haciendo esto, ascuas de fuego amontonarás sobre su cabeza. No seas vencido de lo malo, sino vence con el bien el mal. (Romanos 12:17–21)

Hermanos, si alguno fuere sorprendido en alguna falta, vosotros que sois espirituales, restauradle con espíritu de mansedumbre, considerándote a ti mismo, no sea que tú también seas tentado. Sobrellevad los unos las cargas de los otros, y cumplid así la ley de Cristo. (Gálatas 6:1–2)

Finalmente, sed todos de un mismo sentir, compasivos, amándoos fraternalmente, misericordiosos, amigables; no devolviendo mal por mal, ni maldición por maldición, sino por el contrario, bendiciendo, sabiendo que fuisteis llamados para que heredaseis bendición.

(1 Pedro 3:8–9)

Amor

Y amarás al Señor tu Dios con todo tu corazón, y con toda tu alma, y con toda tu mente y con todas tus fuerzas. Este es el principal mandamiento. Y el segundo es semejante: Amarás a tu prójimo como a ti mismo. No hay otro mandamiento mayor que éstos.

(Marcos 12:30–31)

Pero yo os digo: Amad a vuestros enemigos, bendecid a los que os maldicen, haced bien a los que os aborrecen, y orad por los que os ultrajan y os persiguen; para que seáis hijos de vuestro Padre que está en los cielos, que hace salir su sol sobre malos y buenos, y que hace llover sobre justos e injustos. Porque si amáis a los que os aman, ¿qué recompensa tendréis? ¿No hacen también lo mismo los publicanos? (Mateo 5:44–46)

Yo pues, preso en el Señor, os ruego que andéis como es digno de la vocación con que fuisteis llamados, con toda humildad y mansedumbre, soportándoos con paciencia los unos a los otros en amor, solícitos en guardar la unidad del Espíritu en el vínculo de la paz.   (Efesios 4:1–3)

Sed, pues, imitadores de Dios como hijos amados. Y andad en amor, como también Cristo nos amó, y se entregó a sí mismo por nosotros, ofrenda y sacrificio a Dios en olor fragante.   (Efesios 5:1–2)

Preocupémonos los unos por los otros, a fin de estimularnos al amor y a las buenas obras. (Hebreos 10:24, NVI)

Un espíritu humilde

Nada hagáis por contienda o por vanagloria; antes bien con humildad, estimando cada uno a los demás como superiores a él mismo; no mirando cada uno por lo suyo propio, sino cada cual también por lo de los otros.
(Filipenses 2:3–4)

Sino que se despojó a sí mismo, tomando forma de siervo, hecho semejante a los hombres; y estando en la condición de hombre, se humilló a sí mismo, haciéndose obediente hasta la muerte, y muerte de cruz. Por lo cual Dios también le exaltó…   (Filipenses 2:7–9)

De cierto os digo, que si no os volvéis y os hacéis como niños, no entraréis en el reino de los cielos. Así que, cualquiera que se humille como este niño, ése es el mayor en el reino de los cielos. Y cualquiera que reciba en mi nombre a un niño como este, a mí me recibe. (Mateo 18:3–5)

Igualmente, jóvenes, estad sujetos a los ancianos; y todos, sumisos unos a otros, revestíos de humildad; porque:

Dios resiste a los soberbios, y da gracia a los humildes. Humillaos, pues, bajo la poderosa mano de Dios, para que él os exalte cuando fuere tiempo; echando toda vuestra ansiedad sobre él, porque él tiene cuidado de vosotros. (1 Pedro 5:5–7)

Pero él da mayor gracia. Por esto dice: Dios resiste a los soberbios, y da gracia a los humildes. Someteos, pues, a Dios; resistid al diablo, y huirá de vosotros. Acercaos a Dios, y él se acercará a vosotros. Pecadores, limpiad las manos; y vosotros los de doble ánimo, purificad vuestros corazones. Afligíos, y lamentad, y llorad. Vuestra risa se convierta en lloro, y vuestro gozo en tristeza. Humillaos delante del Señor, y él os exaltará. (Santiago 4:6–10)

Discernimiento espiritual

Amados, no creáis a todo espíritu, sino probad los espíritus si son de Dios; porque muchos falsos profetas han salido por el mundo. En esto conoced el Espíritu de Dios: Todo espíritu que confiesa que Jesucristo ha venido en carne, es de Dios; y todo espíritu que no confiesa que Jesucristo ha venido en carne, no es de Dios; y este es el espíritu del anticristo, el cual vosotros habéis oído que viene, y que ahora ya está en el mundo. (1 Juan 4:1–3)

Entonces si alguno os dijere: Mirad, aquí está el Cristo, o, mirad, allí está, no le creáis. Porque se levantarán falsos Cristos y falsos profetas, y harán señales y prodigios, para engañar, si fuese posible, aun a los escogidos. (Marcos 13:21–22)

No os conforméis a este siglo, sino transformaos por medio de la renovación de vuestro entendimiento, para que comprobéis cuál sea la buena voluntad de Dios, agradable y perfecta. (Romanos 12:2)

...el Padre de gloria, os dé espíritu de sabiduría y de revelación en el conocimiento de él, alumbrando los ojos de vuestro entendimiento, para que sepáis cuál es la esperanza a que él os ha llamado, y cuáles las riquezas de la gloria de su herencia en los santos, y cuál la supereminente grandeza de su poder para con nosotros los que creemos, según la operación del poder de su fuerza. (Efesios 1:17–19)

Y en los postreros días, dice Dios, derramaré de mi Espíritu sobre toda carne, y vuestros hijos y vuestras hijas profetizarán; vuestros jóvenes verán visiones, y vuestros ancianos soñarán sueños; y de cierto sobre mis siervos y sobre mis siervas en aquellos días derramaré de mi Espíritu, y profetizarán. (Hechos 2:17–18)

Y todo aquel que participa de la leche es inexperto en la palabra de justicia, porque es niño; pero el alimento sólido es para los que han alcanzado madurez, para los que por el uso tienen los sentidos ejercitados en el discernimiento del bien y del mal. (Hebreos 5:13–14)

Alabanza

Óleo de gozo en lugar de luto, manto de alegría en lugar del espíritu angustiado. (Isaías 61:3)

*Así que, ofrezcamos siempre a Dios, por medio de él,
sacrificio de alabanza, es decir, fruto de labios que con-
fiesan su nombre.* (Hebreos 13:15)

*Mas vosotros sois linaje escogido, real sacerdocio, nación
santa, pueblo adquirido por Dios, para que anunciéis las
virtudes de aquel que os llamó de las tinieblas a su luz
admirable.* (1 Pedro 2:9)

*Pero a medianoche, orando Pablo y Silas, cantaban
himnos a Dios; y los presos los oían. Entonces sobrevi-
no de repente un gran terremoto, de tal manera que los
cimientos de la cárcel se sacudían; y al instante se abrieron todas las puertas, y las cadenas de todos se soltaron.
Despertando el carcelero, y viendo abiertas las puertas
de la cárcel, sacó la espada y se iba a matar, pensando
que los presos habían huido. Mas Pablo clamó a gran
voz, diciendo: No te hagas ningún mal, pues todos estamos aquí. El entonces, pidiendo luz, se precipitó adentro,
y temblando, se postró a los pies de Pablo y de Silas; y
sacándolos, les dijo: Señores, ¿qué debo hacer para ser
salvo? Ellos dijeron: Cree en el Señor Jesucristo, y serás
salvo, tú y tu casa.* (Hechos 16:25–31)

*Por lo demás, hermanos, todo lo que es verdadero, todo lo
honesto, todo lo justo, todo lo puro, todo lo amable, todo
lo que es de buen nombre; si hay virtud alguna, si algo
digno de alabanza, en esto pensad.* (Filipenses 4:8)

Oración

*Por tanto, os digo que todo lo que pidiereis orando, creed
que lo recibiréis, y os vendrá. Y cuando estéis orando,*

perdonad, si tenéis algo contra alguno, para que también vuestro Padre que está en los cielos os perdone a vosotros vuestras ofensas. (Marcos 11:24–25)

Padre nuestro que estás en los cielos, santificado sea tu nombre. Venga tu reino. Hágase tu voluntad, como en el cielo, así también en la tierra. El pan nuestro de cada día, dánoslo hoy. Y perdónanos nuestros pecados, porque también nosotros perdonamos a todos los que nos deben. Y no nos metas en tentación, mas líbranos del mal. (Lucas 11:2–4)

Velad y orad, para que no entréis en tentación; el espíritu a la verdad está dispuesto, pero la carne es débil. (Marcos 14:38)

Y cuando Jesús vio que la multitud se agolpaba, reprendió al espíritu inmundo, diciéndole: Espíritu mudo y sordo, yo te mando, sal de él, y no entres más en él. Entonces el espíritu, clamando y sacudiéndole con violencia, salió; y él quedó como muerto, de modo que muchos decían: Está muerto. Pero Jesús, tomándole de la mano, le enderezó; y se levantó. Cuando él entró en casa, sus discípulos le preguntaron aparte: ¿Por qué nosotros no pudimos echarle fuera? Y les dijo: Este género con nada puede salir, sino con oración y ayuno. (Marcos 9:25–29)

Confesaos vuestras ofensas unos a otros, y orad unos por otros, para que seáis sanados. La oración eficaz del justo puede mucho. (Santiago 5:16)

Estad siempre gozosos. Orad sin cesar. Dad gracias en todo, porque esta es la voluntad de Dios para con vosotros en Cristo Jesús. (1 Tesalonicenses 5:16–18)

Y de igual manera el Espíritu nos ayuda en nuestra debilidad; pues qué hemos de pedir como conviene, no lo sabemos, pero el Espíritu mismo intercede por nosotros con gemidos indecibles. Mas el que escudriña los corazones sabe cuál es la intención del Espíritu, porque conforme a la voluntad de Dios intercede por los santos. (Romanos 8:26–27)

Orando en todo tiempo con toda oración y súplica en el Espíritu, y velando en ello con toda perseverancia y súplica por todos los santos. (Efesios 6:18)

Mas el fin de todas las cosas se acerca; sed, pues, sobrios, y velad en oración. (1 Pedro 4:7)

Por nada estéis afanosos, sino sean conocidas vuestras peticiones delante de Dios en toda oración y ruego, con acción de gracias. Y la paz de Dios, que sobrepasa todo entendimiento, guardará vuestros corazones y vuestros pensamientos en Cristo Jesús. (Filipenses 4:6–7)

Exhorto ante todo, a que se hagan rogativas, oraciones, peticiones y acciones de gracias, por todos los hombres; por los reyes y por todos los que están en eminencia, para que vivamos quieta y reposadamente en toda piedad y honestidad. (1 Timoteo 2:1–2)

También les refirió Jesús una parábola sobre la necesidad de orar siempre, y no desmayar. (Lucas 18:1)

Justicia

Porque yo soy Jehová vuestro Dios; vosotros por tanto os santificaréis, y seréis santos, porque yo soy santo; así que no contaminéis vuestras personas con ningún animal que se arrastre sobre la tierra. (Levítico 11:44)

Al que no conoció pecado [Jesús], por nosotros [Dios] lo hizo pecado, para que nosotros fuésemos hechos justicia de Dios en él. (2 Corintios 5:21)

Pues si por la transgresión de uno solo reinó la muerte, mucho más reinarán en vida por uno solo, Jesucristo, los que reciben la abundancia de la gracia y del don de la justicia. (Romanos 5:17)

Si alguno se cree religioso entre vosotros, y no refrena su lengua, sino que engaña su corazón, la religión del tal es vana. La religión pura y sin mácula delante de Dios el Padre es esta: Visitar a los huérfanos y a las viudas en sus tribulaciones, y guardarse sin mancha del mundo. (Santiago 1:26–27)

Sabemos que todo aquel que ha nacido de Dios, no practica el pecado, pues Aquel que fue engendrado por Dios le guarda, y el maligno no le toca. Sabemos que somos de Dios, y el mundo entero está bajo el maligno. Pero sabemos que el Hijo de Dios ha venido, y nos ha dado entendimiento para conocer al que es verdadero; y estamos en el verdadero, en su Hijo Jesucristo. Este es el verdadero Dios, y la vida eterna. (1 Juan 5:18–20)

En cuanto a la pasada manera de vivir, despojaos del viejo hombre, que está viciado conforme a los deseos engañosos, y renovaos en el espíritu de vuestra mente, y vestíos del nuevo hombre, creado según Dios en la justicia y santidad de la verdad. Por lo cual, desechando la mentira, hablad verdad cada uno con su prójimo; porque somos miembros los unos de los otros. Airaos, pero no pequéis; no se ponga el sol sobre vuestro enojo, ni deis lugar al diablo. (Efesios 4:22–27)

Por otra parte, tuvimos a nuestros padres terrenales que nos disciplinaban, y los venerábamos. ¿Por qué no obedeceremos mucho mejor al Padre de los espíritus, y viviremos? Y aquéllos, ciertamente por pocos días nos disciplinaban como a ellos les parecía, pero éste para lo que nos es provechoso, para que participemos de su santidad. Es verdad que ninguna disciplina al presente parece ser causa de gozo, sino de tristeza; pero después da fruto apacible de justicia a los que en ella han sido ejercitados. (Hebreos 12:9–11)

No reine, pues, el pecado en vuestro cuerpo mortal, de modo que lo obedezcáis en sus concupiscencias; ni tampoco presentéis vuestros miembros al pecado como instrumentos de iniquidad, sino presentaos vosotros mismos a Dios como vivos de entre los muertos, y vuestros miembros a Dios como instrumentos de justicia. Porque el pecado no se enseñoreará de vosotros; pues no estáis bajo la ley, sino bajo la gracia. (Romanos 6:12–14)

La Palabra de Dios

Nunca se apartará de tu boca este libro de la ley, sino que de día y de noche meditarás en él, para que guardes y hagas conforme a todo lo que en él está escrito; porque entonces harás prosperar tu camino, y todo te saldrá bien. (Josué 1:8)

Mi pueblo fue destruido, porque le faltó conocimiento. (Oseas 4:6)

Toda la Escritura es inspirada por Dios, y útil para enseñar, para redargüir, para corregir, para instruir en justicia, a fin de que el hombre de Dios sea perfecto, enteramente preparado para toda buena obra. (2 Timoteo 3:16–17)

Por lo cual, desechando toda inmundicia y abundancia de malicia, recibid con mansedumbre la palabra implantada, la cual puede salvar vuestras almas. Pero sed hacedores de la palabra, y no tan solamente oidores, engañándoos a vosotros mismos. Porque si alguno es oidor de la palabra pero no hacedor de ella, éste es semejante al hombre que considera en un espejo su rostro natural. Porque él se considera a sí mismo, y se va, y luego olvida cómo era. Mas el que mira atentamente en la perfecta ley, la de la libertad, y persevera en ella, no siendo oidor olvidadizo, sino hacedor de la obra, éste será bienaventurado en lo que hace. (Santiago 1:21–25)

Por lo cual también nosotros sin cesar damos gracias a Dios, de que cuando recibisteis la palabra de Dios que oísteis de nosotros, la recibisteis no como palabra de hombres, sino según es en verdad, la palabra de Dios, la cual actúa en vosotros los creyentes.

(1 Tesalonicenses 2:13)

Fe

Es, pues, la fe la certeza de lo que se espera, la convicción de lo que no se ve. (Hebreos 11:1)

Porque todo lo que es nacido de Dios vence al mundo; y esta es la victoria que ha vencido al mundo, nuestra fe. ¿Quién es el que vence al mundo, sino el que cree que Jesús es el Hijo de Dios? (1 Juan 5:4–5)

Al cual [vuestro adversario el diablo] resistid firmes en la fe, sabiendo que los mismos padecimientos se van cumpliendo en vuestros hermanos en todo el mundo. Mas el Dios de toda gracia, que nos llamó a su gloria eterna en Jesucristo, después que hayáis padecido un poco de tiempo, él mismo os perfeccione, afirme, fortalezca y establezca. A él sea la gloria y el imperio por los siglos de los siglos. (1 Pedro 5:9–11)

Pero sin fe es imposible agradar a Dios; porque es necesario que el que se acerca a Dios crea que le hay, y que es galardonador de los que le buscan. (Hebreos 11:6)

Así que la fe es por el oír, y el oír, por la palabra de Dios. (Romanos 10:17)

Porque también a nosotros se nos ha anunciado la buena nueva como a ellos; pero no les aprovechó el oír la palabra, por no ir acompañada de fe en los que la oyeron.

(Hebreos 4:2)

El fuego de Dios

Porque él [Dios] es como fuego purificador, y como jabón de lavadores. Y se sentará para afinar y limpiar la plata; porque limpiará a los hijos de Leví, los afinará como a oro y como a plata, y traerán a Jehová ofrenda en justicia.   (Malaquías 3:2–3)

Hollaréis a los malos, los cuales serán ceniza bajo las plantas de vuestros pies, en el día en que yo actúe, ha dicho Jehová de los ejércitos.   (Malaquías 4:3)

El [Dios] que hace a los vientos sus mensajeros, y a las flamas de fuego sus ministros.   (Salmo 104:4)

Respondió Juan [el Bautista], diciendo a todos: Yo a la verdad os bautizo en agua; pero viene uno más poderoso que yo, de quien no soy digno de desatar la correa de su calzado; él [Jesús] os bautizará en Espíritu Santo y fuego.   (Lucas 3:16)

Cuando llegó el día de Pentecostés, estaban todos unánimes juntos. Y de repente vino del cielo un estruendo como de un viento recio que soplaba, el cual llenó toda la casa donde estaban sentados; y se les aparecieron lenguas repartidas, como de fuego, asentándose sobre cada uno de ellos. Y fueron todos llenos del Espíritu Santo, y comenzaron a hablar en otras lenguas, según el Espíritu les daba que hablasen. (Hechos 2:1–4)

Cuando los mil años se cumplan, Satanás será suelto de su prisión, y saldrá a engañar a las naciones que están en los cuatro ángulos de la tierra, a Gog y a Magog, a fin de reunirlos para la batalla; el número de los cuales es como la arena del mar. Y subieron sobre la anchura de la tierra, y rodearon el campamento de los santos y la ciudad amada; y de Dios descendió fuego del cielo, y los consumió. Y el diablo que los engañaba fue lanzado en el lago de fuego y azufre, donde estaban la bestia y el falso profeta; y serán atormentados día y noche por los siglos de los siglos. (Apocalipsis 20:7–10)

Los dones del Espíritu

No con ejército, ni con fuerza, sino con mi Espíritu, ha dicho Jehová de los ejércitos. (Zacarías 4:6)

Y después de esto derramaré mi Espíritu sobre toda carne, y profetizarán vuestros hijos y vuestras hijas; vuestros ancianos soñarán sueños, y vuestros jóvenes verán visiones. Y también sobre los siervos y sobre las siervas derramaré mi Espíritu en aquellos días. (Joel 2:28–29)

De manera que, teniendo diferentes dones, según la gracia que nos es dada, si el de profecía, úsese conforme a la medida de la fe; o si de servicio, en servir; o el que enseña, en la enseñanza; el que exhorta, en la exhortación; el que reparte, con liberalidad; el que preside, con solicitud; el que hace misericordia, con alegría. (Romanos 12:6–8)

Ahora bien, hay diversidad de dones, pero el Espíritu es el mismo. Y hay diversidad de ministerios, pero el Señor es el mismo. Y hay diversidad de operaciones, pero Dios, que hace todas las cosas en todos, es el mismo. Pero a cada uno le es dada la manifestación del Espíritu para provecho. Porque a éste es dada por el Espíritu palabra de sabiduría; a otro, palabra de ciencia según el mismo Espíritu; a otro, fe por el mismo Espíritu; y a otro, dones de sanidades por el mismo Espíritu. A otro, el hacer milagros; a otro, profecía; a otro, discernimiento de espíritus; a otro, diversos géneros de lenguas; y a otro, interpretación de lenguas. Pero todas estas cosas las hace uno y el mismo Espíritu, repartiendo a cada uno en particular como él quiere. (1 Corintios 12:4–11)

Y él mismo constituyó a unos, apóstoles; a otros, profetas; a otros, evangelistas; a otros, pastores y maestros, a fin de perfeccionar a los santos para la obra del ministerio, para la edificación del cuerpo de Cristo.
(Efesios 4:11–12)

No descuides el don que hay en ti, que te fue dado mediante profecía con la imposición de las manos del presbiterio. (1 Timoteo 4:14)

Versículos relacionados:

Toda la armadura de Dios

Por lo demás, hermanos míos, fortaleceos en el Señor, y en el poder de su fuerza. Vestíos de toda la armadura de Dios, para que podáis estar firmes contra las asechanzas

del diablo. Porque no tenemos lucha contra sangre y car-
ne, sino contra principados, contra potestades, contra los
gobernadores de las tinieblas de este siglo, contra huestes
espirituales de maldad en las regiones celestes. Por tan-
to, tomad toda la armadura de Dios, para que podáis
resistir en el día malo, y habiendo acabado todo, estar
firmes. Estad, pues, firmes, ceñidos vuestros lomos con
la verdad, y vestidos con la coraza de justicia, y calzados
los pies con el apresto del evangelio de la paz. Sobre todo,
tomad el escudo de la fe, con que podáis apagar todos
los dardos de fuego del maligno. Y tomad el yelmo de la
salvación, y la espada del Espíritu, que es la palabra de
Dios; orando en todo tiempo con toda oración y súplica
en el Espíritu, y velando en ello con toda perseverancia y
súplica por todos los santos. (Efesios 6:10–18)

Pero nosotros, que somos del día, seamos sobrios, habién-
donos vestido con la coraza de fe y de amor, y con la espe-
ranza de salvación como yelmo. (1 Tesalonicenses 5:8)

El fruto del Espíritu

Mas el fruto del Espíritu es amor, gozo, paz, paciencia,
benignidad, bondad, fe, mansedumbre, templanza; con-
tra tales cosas no hay ley. (Gálatas 5:22–23)

¿Acaso se recogen uvas de los espinos, o higos de los abro-
jos? Así, todo buen árbol da buenos frutos, pero el árbol
malo da frutos malos. No puede el buen árbol dar malos
frutos, ni el árbol malo dar frutos buenos. Todo árbol
que no da buen fruto, es cortado y echado en el fuego. Así
que, por sus frutos los conoceréis. (Mateo 7:16–20)

Porque en otro tiempo erais tinieblas, mas ahora sois luz en el Señor; andad como hijos de luz (porque el fruto del Espíritu es en toda bondad, justicia y verdad), comprobando lo que es agradable al Señor. Y no participéis en las obras infructuosas de las tinieblas, sino más bien reprendedlas. (Efesios 5:8–11)

Y esto pido en oración, que vuestro amor abunde aún más y más en ciencia y en todo conocimiento, para que aprobéis lo mejor, a fin de que seáis sinceros e irreprensibles para el día de Cristo, llenos de frutos de justicia que son por medio de Jesucristo, para gloria y alabanza de Dios. (Filipenses 1:9–11)

La sangre de Jesús

Y tomando la copa [Jesús], y habiendo dado gracias, les dio, diciendo: Bebed de ella todos; porque esto es mi sangre del nuevo pacto, que por muchos es derramada para remisión de los pecados. (Mateo 26:27–28)

[Jesús] nos ha librado de la potestad de las tinieblas, y trasladado al reino de su amado Hijo, en quien tenemos redención por su sangre, el perdón de pecados. (Colosenses 1:13–14)

¿Cuánto más la sangre de Cristo, el cual mediante el Espíritu eterno se ofreció a sí mismo sin mancha a Dios, limpiará vuestras conciencias de obras muertas para que sirváis al Dios vivo? (Hebreos 9:14)

Y ellos le han vencido por medio de la sangre del Cordero y de la palabra del testimonio de ellos, y menospreciaron sus vidas hasta la muerte. (Apocalipsis 12:11)

Entonces vi el cielo abierto; y he aquí un caballo blanco, y el que lo montaba se llamaba Fiel y Verdadero, y con justicia juzga y pelea. Sus ojos eran como llama de fuego, y había en su cabeza muchas diademas; y tenía un nombre escrito que ninguno conocía sino él mismo. Estaba vestido de una ropa teñida en sangre; y su nombre es: EL VERBO DE DIOS. Y los ejércitos celestiales, vestidos de lino finísimo, blanco y limpio, le seguían en caballos blancos. (Apocalipsis 19:11–14)

Versículos escogidos sobre la salvación y el poder de Jesús para guardarnos en Él

Salvación

Muchos pueblos en el valle de la decisión; porque cercano está el día de Jehová en el valle de la decisión.

(Joel 3:14)

Buscad a Jehová mientras puede ser hallado, llamadle en tanto que está cercano. Deje el impío su camino, y el hombre inicuo sus pensamientos, y vuélvase a Jehová, el cual tendrá de él misericordia, y al Dios nuestro, el cual será amplio en perdonar. *(Isaías 55:6–7)*

Porque de tal manera amó Dios al mundo, que ha dado a su Hijo unigénito, para que todo aquel que en él cree, no se pierda, mas tenga vida eterna. Porque no envió Dios a su Hijo al mundo para condenar al mundo, sino para que el mundo sea salvo por él. El que en él cree, no es condenado; pero el que no cree, ya ha sido condenado, porque no ha creído en el nombre del unigénito Hijo de Dios. (Juan 3:16–18)

El Señor…es paciente para con nosotros, no queriendo que ninguno perezca, sino que todos procedan al arrepentimiento. (2 Pedro 3:9)

Que si confesares con tu boca que Jesús es el Señor, y creyeres en tu corazón que Dios le levantó de los muertos, serás salvo. Porque con el corazón se cree para justicia, pero con la boca se confiesa para salvación. (Romanos 10:9–10)

Si decimos que no tenemos pecado, nos engañamos a nosotros mismos, y la verdad no está en nosotros. Si confesamos nuestros pecados, él es fiel y justo para perdonar nuestros pecados, y limpiarnos de toda maldad. (1 Juan 1:8–9)

Y él os dio vida a vosotros, cuando estabais muertos en vuestros delitos y pecados, en los cuales anduvisteis en otro tiempo, siguiendo la corriente de este mundo, conforme al príncipe de la potestad del aire, el espíritu que ahora opera en los hijos de desobediencia, entre los cuales también todos nosotros vivimos en otro tiempo en los deseos de nuestra carne, haciendo la voluntad de la carne y de los pensamientos, y éramos por naturaleza hijos de ira, lo mismo que los demás. Pero Dios, que es rico en misericordia, por su gran amor con que nos amó, aun estando nosotros muertos en pecados, nos dio vida juntamente con Cristo (por gracia sois salvos), y juntamente con él nos resucitó, y asimismo nos hizo sentar en los lugares celestiales con Cristo Jesús, para mostrar en los siglos venideros las abundantes riquezas de su gracia en su bondad para con nosotros en Cristo Jesús. Porque por gracia sois salvos por medio de la fe; y esto no de vosotros, pues es don de Dios; no por obras, para que nadie se glorie. Porque somos hechura suya, creados en Cristo Jesús para buenas obras, las cuales Dios preparó de antemano para que anduviésemos en ellas. (Efesios 2:1–10)

El poder de Jesús para guardarnos en Él

Y he aquí yo estoy con vosotros todos los días, hasta el fin del mundo. Amén. (Mateo 28:20)

La paz os dejo, mi paz os doy; yo no os la doy como el mundo la da. No se turbe vuestro corazón, ni tenga miedo. (Juan 14:27)

Hijitos míos, estas cosas os escribo para que no pequéis; y si alguno hubiere pecado, abogado tenemos para con el Padre, a Jesucristo el justo. Y él es la propiciación por nuestros pecados; y no solamente por los nuestros, sino también por los de todo el mundo. (1 Juan 2:1–2)

Y el mismo Dios de paz os santifique por completo; y todo vuestro ser, espíritu, alma y cuerpo, sea guardado irreprensible para la venida de nuestro Señor Jesucristo. Fiel es el que os llama, el cual también lo hará. (1 Tesalonicenses 5:23–24)

Pues en cuanto él mismo padeció siendo tentado, es poderoso para socorrer a los que son tentados. (Hebreos 2:18)

¿Quién nos separará del amor de Cristo? ¿Tribulación, o angustia, o persecución, o hambre, o desnudez, o peligro, o espada? Como está escrito: Por causa de ti somos muertos todo el tiempo; somos contados como ovejas de matadero. Antes, en todas estas cosas somos más que vencedores por medio de aquel que nos amó. Por lo cual estoy seguro de que ni la muerte, ni la vida, ni ángeles, ni principados, ni potestades, ni lo presente, ni lo por venir, ni lo alto, ni lo profundo, ni ninguna otra cosa creada nos podrá separar del amor de Dios, que es en Cristo Jesús Señor nuestro. (Romanos 8:35–39)

Pero fiel es el Señor, que os afirmará y guardará del mal. (2 Tesalonicenses 3:3)

Por tanto, teniendo un gran sumo sacerdote que traspasó los cielos, Jesús el Hijo de Dios, retengamos nuestra profesión. Porque no tenemos un sumo sacerdote que no pueda compadecerse de nuestras debilidades, sino uno que fue tentado en todo según nuestra semejanza, pero sin pecado. Acerquémonos, pues, confiadamente al trono de la gracia, para alcanzar misericordia y hallar gracia para el oportuno socorro. (Hebreos 4:14–16)

Hijitos, vosotros sois de Dios, y los habéis vencido; porque mayor es el que está en vosotros, que el que está en el mundo. (1 Juan 4:4)

Y a aquel que es poderoso para guardaros sin caída, y presentaros sin mancha delante de su gloria con gran alegría. (Judas 1:24)

Acerca de la autora

La Dra. Mary K. Baxter ha estado en el ministerio a tiempo completo durante más de treinta años, desde que Dios la llevó a las dimensiones y los tormentos del infierno, así como a las calles del cielo, durante más de cuarenta noches en 1976. Dios le ordenó a Mary narrar sus experiencias y hablar a otros de las horribles profundidades, grados y tormentos del infierno, así como el maravilloso destino del cielo para los redimidos de Jesucristo. ¡Verdaderamente hay un infierno que evitar y un cielo que alcanzar!

A lo largo de toda su vida, Mary ha experimentado muchas visiones, sueños y revelaciones del cielo, el infierno y el mundo espiritual. Dios le ha enviado a ministrar a más de 125 naciones, y sus libros se han traducido a más de veinte idiomas. La salvación brota mientras ella camina en el milagroso poder de Dios en su vida. Señales y maravillas le siguen, y los testimonios de la gracia salvadora de Dios abundan en su ministerio. Tiene un corazón de madre que quiere ver a toda la gente acudir al reino de Dios y convertirse en todo aquello para lo que Dios les ha creado. Ha dado a luz a otros muchos ministerios y se vuelca en la vida de otros para ver el reino de Dios crecer en las generaciones emergentes de la tierra.

Mary fue ordenada como ministro en 1983 y recibió un doctorado en Ministerio de Faith Bible College, lugar afiliado a Oral Roberts University. Continúa viajando por el mundo y ministrando con poder. Mary es autora de best sellers, y algunos de sus libros anteriores con Whitaker House son *A Divine Revelation of Hell* (*Una Revelación Divina del Infierno*), *A Divine Revelation of Heaven* (*Una Revelación Divina del Cielo*), *A Divine Revelation of the Spirit Realm* (*Una Revelación Divina del Reino Espiritual*), *A Divine Revelation of Angels* (*Una Revelación Divina de Ángeles*), *A Divine Revelation of Spiritual Warfare* (*Una Revelación Divina de la Guerra Espiritual*), *A Divine Revelation of Deliverance* (*Una Revelación Divina de la Liberación*), *A Divine Revelation of Healing* (*Una Revelación Divina de la Sanidad*), *A Divine Revelation of Prayer* (*Una Revelación Divina de la Oración*), y *The Power of the Blood* (*El Poder de la Sangre*).

Para tenerla como oradora, por favor contacte con:

Dra. Mary K. Baxter
Divine Revelation, Inc.
P.O. Box 121524
West Melbourne, FL 32912-1524

E-mail: marykbaxter1@yahoo.com
www.marykbaxterinc.com